कथा सनातन

कथा सनातन

डॉ. रमेशचंद्र शाह

राजपाल

स्थापित 1912
100 वर्षों की श्रेष्ठ प्रकाशन परम्परा
राजपाल

₹ 250

ISBN : 9789350640036

प्रथम संस्करण : 2012, द्वितीय आवृत्ति : 2016

KATHA SANATAN (Novel) by Dr. Rameshchandra Shah

आवरण : राजुला शाह

मुद्रक : दीपिका एन्टरप्राइज़ेज, दिल्ली

राजपाल एण्ड सन्ज़

1590, मदरसा रोड, कश्मीरी गेट-दिल्ली-110006

फोन: 011-23869812, 23865483, फैक्स: 011-23867791

e-mail : sales@rajpalpublishing.com

www.rajpalpublishing.com

www.facebook.com/rajpalandsons

मेरा समूचा अपना आप
है एक घना गहरा जाप
जो एक से अनेक
बनाते हुए तुम्हें
उठा ले जाएगा
अनन्त अंकुरण के सबेरे में

—फरुग फरुखजाद : 'एक और जन्म'
(अनु. राजुला शाह)

यात्रान्त पर ...
'कृत–ज्ञ'ता पूर्वक
प्रेरक, साक्षी और सहयात्री
तीनों को

भूमिका

हर्ष और विषाद् की पराकाष्ठाओं के बीच झूलते इस जीवन का अर्थ क्या है? आदमी अपनी जीवनी या आत्मकथा किस लिए और क्यों लिखना या लिखवाना चाहता है? क्यों वह जीतेजी न केवल अपना सारा हिसाब-किताब चुकता कर जाना चाहता है, बल्कि दुनिया के सामने अपनी एक ऐसी छवि भी आँक जाना चाहता है जो उसके तमाम जिए-भोगे का औचित्य स्थापित करते हुए उसके पाक-साफ़ होने के सबूत की तरह कायम रहे?...सवाल उठता ही है कि क्या यह संभव है : अपने या औरों के बारे में भी पक्का पूरा सच जान पाना और बोल पाना? कैसी भी आत्मकथा क्या पूरा सच प्रकट कर सकती है? क्या हर जीवनी चाहे-अनचाहे, जाने-अनजाने इस मनुष्य मात्र के करुण और हास्यास्पद जीवन के अनिवार्यतः अधूरे-टूटे-मिलावटी व्यक्तित्व या कि 'अहं' का ही मंडन करने को अभिशप्त नहीं है? अहं क्या आत्म है? जिसकी सत्यकथा पेश करने का दावा किया जा रहा है? होने और जानने के बीच की यह खाई कैसे पाटी जाएगी?

ईश्वर (या, विधाता) ही जाने। मगर क्या वह भी जानता है? पहले रचता है सृष्टि को; और उसमें भी सबसे अधिक विकसित और बिना समान मानव-जीव को। तो क्या वह भी रचना करके ही जानता और होता है। क्या चाहता है वह मनुष्य से? क्यों रचा उसने मनुष्य को अपनी सतत् विकासमान और प्रगतिशील रचना-प्रक्रिया में? क्या इसीलिए नहीं, कि मनुष्य उसका अनुसरण करे—उसी की तरह रचना करे और रचते हुए जानने की कोशिश करे कि वह क्यों जीता है—क्यों पैदा होता और मरता है? क्या रिश्ता है उसका अपनी मानव-बिरादरी से ही नहीं, मनुष्येतर सृष्टि से भी? क्या सम्बन्ध है उसका स्वयं अपने स्रष्टा से?

कौन बताएगा उसे? क्या उसके पुरखे, जिन्होंने सृष्टि की कथा लिखी, सृष्टिकर्ता की भी रचना की–यह समझ पाने के चक्कर में–कि उसने उन्हें क्यों और किसलिए इतनी फुर्सत, इतने इत्मीनान के साथ गढ़ा?

किन्तु...यह सृष्टि-कथा भी तो एक नहीं, अनेक हैं। यहाँ तक कि, स्रष्टा भी तो एक नहीं। क्यों है इतना अन्तर इन सृष्टि कथाओं में और भगवानों में–या कह लो सृष्टिकर्ता की कल्पनाओं में? कहा तो यही जाता है कि ईश्वर ने अपने ही साँचे में मानव को गढ़ा। जबकि दीखता यह है कि आदमी ने ही अपनी लालसा और भय और महत्त्वाकांक्षा के साँचे में ईश्वर को गढ़ा। तब फिर जैसा आपका भगवान् होगा, वैसे ही आप भी नहीं बनेंगे?...'मज़हब नहीं सिखाता/आपस में बैर रखना'...। मगर...इतिहास, और अभी तक ज़िन्दा इतिहास तो इसका ठीक उल्टा साबित करता रहा है। क्यों, आखिर क्यों? सवाल बहुत असुविधाजनक और बहुत टेढ़ा है। मगर अब इसका सामना किए बिना चलेगा नहीं। एक ओर वह सर्वशक्तिमान् परमपिता–'अवर फादर इन हैवन' है–हो अपनी बनाई सृष्टि में नहीं, किसी सातवें आसमान में रहता है; दूसरी ओर वह 'एको देवः सर्वभूतेषु गुढः' है, जो सर्वव्यापी और सर्वभूतान्तरात्मा है–अर्थात् घट-घट वासी है। किसे सच मानें? किस देवता को हवि दें? वह देवता या देवाधिदेव भी क्या, जो सिर्फ एक कबीले का है, समूचे चराचर जगत् का नहीं। लड़कपन से ही यह सवाल मुझे परेशान करता रहा है, मेरा जीना हराम करता हुआ। सोचा नहीं था मैंने, पर उपन्यास के प्रवाह में अचानक आप से आप खब्ती सवाल भी मेरी रचना-प्रक्रिया में आ लिपटा। यह भी कि, 'अवर फादर इन हेवन' तो ठीक; मगर 'अवर मदर इन हैवन' भी क्यों नहीं? जबकि बचपन की दुनिया में जगदम्बाओं की ही महिमा ज्यादा उजागर दीखती रही। आखिर उस अर्द्धनारीश्वर का क्या हुआ, क्या बना–विश्वधर्मों के इतिहास में? कहाँ गया वह? सवाल मेरे लिए 'थियोलॉजी' का नहीं था कदापि; सवाल मनुष्य जाति के ही जीने-मरने जितना बुनियादी और महत्त्वपूर्ण था।

एक सवाल मुझे यह भी तंग करता रहा है कि अपने यहाँ सृष्टिकर्ता की उतनी महिमा क्यों नहीं है जितनी होनी चाहिए और है भी सभी मज़हबों में? अपने ब्रह्माजी सृष्टि-पालक विष्णु या संहारक शिवजी की तरह लोकप्रिय क्यों नहीं हुए? एक पतली सी किताब महज संयोगवश मेरे हाथ लग गई थी उन्हीं दिनों, जिसमें दक्षिणामूर्ति का माहात्म्य बखाना गया था। वह मुझे इसीलिए

बहुत रोचक लगी थी कि उसमें ब्रह्मा और उनके सनकादि चार पुत्रों की ही मज़ेदार कथा भी थी, जो थी तो पौराणिक, मगर मैंने नहीं सुनी थी। सनकादि भी अपने पिता का हुक्म फौरन बजा लाने से इनकार कर देते हैं और उन्हें भी निकाल बाहर कर दिया जाता है। मगर इस सज़ा से उनका बिगड़ा तो कुछ नहीं, उल्टे फायदा ही हुआ। उन्हें दक्षिणामूर्ति मिल गए : उनकी सारी प्रश्नाकुलता का अपनी मौन व्याख्या से भरपूर सत्कार करने वाले। तब फिर बेचारे आदम की ही वैसी दुर्दशा क्यों हुई—एक ज़रा सी गफ़लत को सरासर हुक्मउदूली क़रार देते हुए? एक जैसे अपराध की एक जैसी सज़ा की इतनी अलग-अलग परिणतियाँ कैसे? और क्यों?

बहरहाल, मेरे उपन्यास का चरितनायक सनातन कोई मिथक या पुराण नहीं, एक जीता-जागता सत्तर पार कर चुका ठेठ इक्कीसवीं सदी का नागरिक है। पेशे से 'इकोलॉजिस्ट' सनातन के लिए सृष्टि और प्रलय भी कोई मिथक नहीं, वैज्ञानिक तथ्य है। प्रलय उनके लिए 'ईकोलॉजिकल डिजास्टर' ही है। अलावा इसके अब उम्र के इस आखिरी छोर पर वे खुद अपने निजी जीवन और व्यक्तित्व के भी आसन्न प्रलय की आहट भी न सुन पाएँ, यह कैसे संभव है? एक सुबह नींद से उठते वे न केवल अपने को उस 'सपने' से घिरा हुआ पाते हैं जिसमें वे अपने पिता से—चालीस वर्ष पूर्व स्वर्ग सिधार चुके पिता से लड़-झगड़ रहे हैं, बल्कि महाकवि मिल्टन के 'पैरेडाइज़ लॉस्ट' से भी, जो आदम द्वारा अपने परमपिता के आदेश के उल्लंघन की कथा है। एक दुर्निवार्य आवश्यकता की पुकार के चलते यह ताना-बाना—उनकी निजी जीवन-कथा और एक नितांत निर्वैयक्तिक ब्रह्माण्डीय जीवन की कथा का उन्हें अपनी लपेट में ले लेता है : उनके समग्र जीवन-भोग का मनोद्घाटन करता हुआ।

इसलिए, कि वह जीवनी नहीं, जीवनी का अर्क है। आत्मकथा और परमात्म-कथा का वह अपूर्वानुमेय रसायन, जो तथाकथित जीवनी या तथाकथित आत्मकथा से नहीं झिलता; जिसे एक रचना—एक औपन्यासिक संरचना—ही झेल और झिलवा सकती है। यह नितान्त पार्थिव और जीती-जागती मा, यह नितान्त पार्थिव और प्रत्यक्ष चलता-फिरता बोला 'पिता' क्या मनुष्य-मात्र के अपने संस्मरणों में नहीं घुल-मिल जाते? और, क्या इसीलिए वे हम सभी के यानी मनुष्य-भाव के सर्वप्रथम बिम्ब और घटक होने के नाते हमारी वैयक्तिक अवचेतना में जातीय स्मृति के आद्यबिम्बों की तरह नहीं पैठ जाते?

मैं कौन हूँ? क्या हूँ? अन्यों-अनन्यों के बीच मेरे इस 'होने' का क्या वास्तव में कोई अर्थ या प्रयोजन है? या कि यह सब कुछ एक निरर्थक यन्त्रचर्या, एक भोंडा मज़ाक है मेरे साथ? देर-सबेर हर किसी को इस दुर्दान्त सवाल का सामना करना ही पड़ेगा, जैसे कि सनातन को करना पड़ रहा है। सनातन को ही क्यों, उनकी मित्रमंडली को भी। सनातन, सनत्कुमार, सनक और सनन्दन की इस चौकड़ी में अगर पुराण-प्रसिद्ध ब्रह्मापुत्रों की प्रतिच्छाया उभर आती है, तो यह नितान्त संयोग है। हालांकि, जैसा सनातन खुद कहते है।–'संयोग भी अकारण घटित नहीं होते'। चौकड़ी भी यह एक ही पिता की संतानों की नहीं, एक-दूसरे से सर्वथा भिन्न और स्वतन्त्र रूप से विकसित व्यक्तियों की है। क्या सनक और सनत और क्या सनातन; सब एक-दूसरे के लिए पहेली हैं, चुनौती भी और आत्म-दर्पण भी। ऐसा आत्म-दर्पण, जो अतिपरिचय से मलिन नहीं होता।

उपन्यास का आरम्भ भी एक सपने से होता है और अन्त भी। दोनों सपनों में एक बिम्ब उभयनिष्ठ है और वह है 'पिता' का। सब कुछ की तरह इस बिम्ब का भी–इतने सघन-सांद्र साक्षात्कार के फलस्वरूप रूपान्तरण तो होना ही था। इसलिए, कि दोनों सपने ठेठ यथार्थ से ही जुड़े हैं। 'मेरे आरम्भ में ही मेरा अन्त है'–कहने वाले चरितनायक का यह मर्मकथन भी खुद अपना अतिक्रमण कर जाता है : इस आत्मज्ञान तक पहुँचाकर कि 'जीवन की गति वृत्ताकार भी नहीं वर्हताकार है। एक मायने में वही रहते हुए भी हम वही नहीं रहते : या तो कुछ ऊपर या कुछ नीचे खिसक आते हैं। अन्त का वह बिन्दु, जो आरंभ से मिल जाता प्रतीत होता है–सिद्धिविनायक की तरह, अपने माता-पिता की परिक्रमा करके–मानो पृथ्वी की और समूचे ब्रह्माण्ड की परिक्रमा कर ली हो–यह अन्त का बिन्दु वस्तुतः प्रारम्भ का बिन्दु नहीं होता, उससे या तो उच्चतर होता होगा या निम्नतर। सनातन कहाँ पहुँचा, यह उपन्यास के सहृदय पाठक स्वयं निर्णय करेंगे। सनातन की ही क्यों, सनक, सनत्कुमार, और सनन्दन की भी ठीक-ठीक अवस्थिति क्या है, यह भी वही तय करेंगे; उपन्यासकार नहीं। उपन्यासकार इतना ही कह सकता है, कि...

मोड़ आगे और भी हैं
कौन उसकी ओट देखो झाँकता है!

भोपाल
30.01.2012

–रमेशचंद्र शाह

1

पैरेडाइज़ लॉस्ट...*ऑफ मैन्ज़ फर्स्ट डिसूओबीडियेंस...*। तड़के मुँह-अँधेरे ही अचानक नींद टूटी तो ये पंक्तियाँ भी उनके साथ ही साथ उठीं—मानो साथ ही साथ सोई हों। मगर रात नींद में लुढ़कने के पहले तो वे ऐसा कुछ भी नहीं पढ़ या लिख रहे थे : अपने या किसी मिल्टन-विल्टन के खोए हुए स्वर्ग के बारे में तो कदापि नहीं। तब फिर क्या तुक है इसका?...अभी तक वह फुसफुसाहट जारी है उनके कानों में...उनका पीछा करती हुई लगातार।

उफ!...सनातन महाशय रपटते-रपटते बचे। कितनी तेज़ ढलान है। कमाल है, आदमी फिर-फिर वही-वही ग़लती क्यों दोहराता है? अभी कल भी तो ठीक यहीं पर, इसी-इसी जगह रपटे थे।

'सँभल के भाई साब! यह जो पिरूल होती है ना चीड़ की, बड़ी रपटीली होती है। आप तो भाई साब, अब यह उबड़-खाबड़ चढ़ाई-उतार वाला रास्ता छोड़ ही दो। मैं तो...पीछे से जैसे ही आपको फिसलते देखा, घबड़ा गया बुरी तरह। क्या देर लगती है भाई साब, फ्रैक्चर होते इस उम्र में? आप तो लाठी रखा करिये हाथ में। उससे संतुलन बना रहता है।...'

सनातन बीच रास्ते पर खड़े हाँफ रहे हैं, ...और हँस भी रहे हैं मन ही मन। कहीं आज भी न मिल जाए नन्दू! नहीं, आज नहीं मिलेगा—आज तो वे रोज़ से कोई घण्टा भर पहले ही निकल आए हैं। इसीलिए तो अभी तक कोई दीखा नहीं रास्ते में। अच्छा नहीं लगता सुबह-सुबह उन्हीं-उन्हीं चेहरों और उन्हीं-उन्हीं आवाज़ों से घिर जाना। उन्हीं रोज़मर्रा के पिटे-पिटाए जुमलों से। उगते ही बासी हो जाता है नया दिन।

मगर करें भी क्या? जिस खड़ी चढ़ाई वाले अपेक्षाकृत लम्बे और

सुनसान जंगली रास्ते का लुत्फ़ लेते रहे बरसों—जो उन्हें उनका अभिलषित निरापद एकान्त भी सुलभ कराता रहा, उस पर चलना तो अब उनके बस का रहा नहीं। अब तो उनके लिए ले-देकर बस यही समतल-सपाट सड़क-भर बची रह गई है जिस पर इस क़स्बे के समूचे बाज़ार और समूची छावनी के लोगों का ताँता बँधा रहता है। मगर... अभी तीनेक साल पहले तक तो यह सड़क भी इतनी चालू नहीं थी—सूनी ही मिलती थी सुबह के वक्त। बस इक्के-दुक्के ही टहलते मिलते थे। अब जैसे अचानक ही सबको एक साथ ख़बर लग गई है कि सुबह की सैर सेहत के लिए बहुत फ़ायदेमंद होती है। तो बस शहर-भर के सीनियर सिटिजंस ही क्यों, आबाल वृद्ध नर-नारी सब इसी पर अपनी सेहत बनाने आ टूटे हैं।

अभी भी झुटपुटा है। सैर को कसरत और क़वायद बना डालने वाले लोगों के बीच गुम हो जाने से बचने का बस यही एक उपाय है—मुँह-अँधेरे ही निकल पड़ना। किंतु, इतना आसान भी तो नहीं है सनातन महाशय के लिए—इतनी जल्दी उठ जाना और सब निपट-निपटा के सैर को निकल पड़ना! बरसों की जमी आदत कैसे रातोंरात बदल जाएगी? ...वह तो... भला हो मिल्टन का, जिसने ...

नहीं-नहीं! मिल्टन ने नहीं उठाया। मिल्टन तो यूँ ही, पता नहीं, कैसे साथ लग गया और अभी तक पिंड नहीं छोड़ रहा। वह तो कोई सपना था बुरा-सा, जिसके बीचोंबीच वे अचानक जग पड़े थे—क्या था वह?... हाँ...अब याद आया—उस सपने में वे झगड़ रहे थे, बुरी तरह ... चिल्ला-चोट मचा रहे थे...किस पर? अपने पिता पर?...जिन्हें गुज़रे भी कम से कम तीस-पैंतीस बरस तो बीत ही गए होंगे। जो इस तरह आज के पहले तो कभी भी उनके सपने में नहीं आए।

क्यों टूट गया वह सपना?...क्यों टूट गई अच्छी-खासी नींद?

बाबू! जार का मतलब क्या होता है?

~

और कुट्टनी?

~

बाबू! ये हितोपदेश की कहानियाँ तो हज़ारों बरस पुरानी हैं। फिर, 'अस्ति गोदावरी तीरे शाल्मली नाम वृक्षः' क्यों लिखा होगा? 'अस्ति' माने तो 'है'

होता है। 'था' की जगह, 'है' क्यों? 'आसीत्' की जगह 'अस्ति' क्यों?

~

ऐसे जाने कितने सवाल आए दिन उस लड़के के भीतर उछल-कूद मचाते रहते, जिन्हें वह उसी एक आदमी के पास ले जाता—पूरे-पक्के भरोसे के साथ—कि उनके पास उसके हर सवाल का जवाब मौजूद होगा। याद नहीं पड़ता, उन्होंने कभी उसके किसी भी, कैसे भी सवाल का जवाब देने में टाल-मटूल की हो ... या किसी भी तरह की हिचकिचाहट या झुँझलाहट जताई हो।

और...माँ? माँ से तो उसने कभी भी कोई भी सवाल पूछा हो, उसे याद नहीं। नहीं! कभी नहीं। माँ तो हुई कल्प-वृक्ष। उसकी हर कामना को, बिना कहे ही पूरा करने वाली। सवाल तो उसके सामने पड़ते ही बिला जाते थे। उठते ही नहीं थे—कहना चाहिए। क्यों था ऐसा? जबकि वह पिता की तुलना में कहीं ज़्यादा सुलभ थी—चौबीस घंटे उसके आस-पास ही रची रहने वाली। पिता से भी पहले—बहुत-बहुत पहले—और, पिता के भी बाद—बहुत-बहुत बाद तक—जब पिता होकर भी एकदम अनहुए जैसे हो गए थे।

कैसा, कौन-सा समय था वह—एक जगमगाते द्वीप-सा—जिसके पहले भी अँधेरा है और...बाद में भी अँधेरा।...क्यों, क्यों दिखाई देते हैं वे उस जगमगाहट में सबसे ज़्यादा क़द्दावर—किसी महागाथा के महानायक सरीखे? उस उजले द्वीप के अधिपति! क्यों? क्यों थी वह अवधि इतनी उजली और इतनी संक्षिप्त?...और आखिर क्यों इन बीच के पैंतीस-चालीस बरसों के दौरान वह ओझल रही आई एकदम...और अब इन्हीं दिनों, अकस्मात् जब-तब आँखों के सामने उजागर हो आती है? इतने बरस तक वह कहाँ थी?...तब उसकी उम्र क्या रही होगी?

यही आठ-दस से लेकर...ज़्यादा से ज़्यादा तेरह-चौदह बरस समझ लो। कक्षा तीन से लेकर कक्षा नौ तक। नहीं?...कितने सारे सवाल...उनसे जुड़े हुए दृश्यों और प्रसंगों समेत एक के बाद एक बुलबुलों की तरह उभरते आ रहे हैं...स्मृति में।...जवाब भले उनके उस तरह हू-ब-हू याद न हों; पर कुछ तो याद हैं ही।...जैसे उस 'अस्ति गोदावरी तीरे' वाले सवाल के जवाब में उनका यह कहना, कि "अस्ति माने हस्ती। बिलकुल सही है 'अस्ति' कहना। इससे क्या फर्क पड़ता है भाऊ, कि कहानी कब की लिखी है? तुम्हारे लिए—तो वह उसी वक्त घटित होती है जब तुम उसे पढ़ रहे हो,

या सुन रहे हो। नित्य जो है, वह तो यह 'अभी' है ना, जिसमें तुम पूरी तरह हाज़िर हो। बाकी तो सब हर पल बदलता रहता है। 'मैं हूँ' तुम कहते हो। कहते हो कि नहीं कहते हो? क्या मतलब हुआ इसका? ऐसे ही वह सेमल का पेड़—वह कहानी का पेड़—भी जो है, वह वैसे का वैसा अभी भी है। नित्य है वह। सारी घटनाओं का साक्षी-ग़वाह है। समझे?''

क्या समझा होगा वह? कुछ न कुछ तो समझा ही होगा। तभी न उन दिनों उसे लगता था कि पिता के पास उसके हर सवाल का जवाब है—सही सट्ट जवाब। उनसे ज़्यादा कोई नहीं जानता। स्कूल के मास्टर साब लोग भी नहीं। सर्वज्ञ हैं उसके पिता। रामायण-महाभारत सब कुछ तो पचाके बैठे हैं। कुछ भी पढ़ने की ज़रूरत ही नहीं इनको।

क्यों—आखिर क्यों था उस लड़के का ऐसा अखंड विश्वास अपने पिता पर? इसीलिए ना, कि उन्होंने भूलकर भी कभी उसके कैसे भी सवाल पर नाराज़गी या झुँझलाहट नहीं जताई—जैसे कि बाकी घर के, पड़ोस के सारे ल़ोग जताते हैं। ''हर बात में पुछड़े क्यों लगाता है ये छोरा?''...जाने कितनी बार कितने लोगों के मुँह से सुन चुका है यह जुमला वह। नाना से, नानी से, तीनों चाचाओं, मामाओं से। क्यों चिढ़ते होंगे ये सारे लोग उसकी बातों से? यूँ इतना बक-बक करते हैं दिन-भर ये लोग फालतू की। मगर ज़रा काम की बात करो तो वो इनके लिए 'पुछड़ा' हो जाता है। यहाँ तक, कि हिंदी के मास्साब तक, जो यूँ तो उसे इतना प्यार करते हैं, क्लास का सबसे हुश्यार लड़का मानते हैं उसे; और पिता से, चाचा से, सबसे उसकी तारीफ़ करते नहीं थकते—वे तक उस दिन कितनी बुरी तरह झल्ला गए थे उस पर। ''चुप रौ''—कितनी बुरी तरह डपट दिया था उन्होंने उसको भरी क्लास में सबके सामने? कब?...जब 'भगवान् भारतवर्ष में गूँजे हमारी भारती' पढ़ा रहे थे झूम-झूम के।...इतना ही तो पूछा था उसने, कि ''मास्साब, 'भारती' का अर्थ हिन्दी कैसे हो गया?''...बस बिफर पड़े उस पर, खामखाह।

पिताजी के पास हर सवाल का जवाब होता है। वे तो चतुरानन ब्रह्मा हैं। एक बार किसी से कह रहे थे—'मेरा ब्रह्मा तो पहले ही बोल गया था कि ऐसा होने वाला है।' कब की बात है यह? कोई बहुत ही बुरी घटना घटी थी घर में। उसी पर उनको यह कहते...नहीं, अपने आप से बड़बड़ाते...सुना था उसने। इसका मतलब, उन्हें आगे होने वाली घटनाओं की

भी पहले से ही गंध मिल जाती है। ब्रह्मा बैठे हैं—अन्तर्यामी—उनके भीतर। यही न मतलब हुआ? आगे-पीछे, दाएँ-बाएँ सब दीखता है ब्रह्माजी को। तभी न चतुरानन कहाते हैं। चार-चार मुँह वाले।

कभी उनको पता नहीं होता तो साफ़ कह देते हैं—"मुझे पता नहीं है भाऊ। महन्तजी से पूछना पड़ेगा। या पंचानन मास्साब से पूछ लेना।" सन्तू को अपने हिन्दी के मास्साब का नाम बहुत मज़ेदार लगता था। मगर इसका मतलब यह तो नहीं था कि वे सचमुच पंचानन हैं—पिताजी से भी बढ़के। नाम रख लेने से थोड़े ही पाँच मुँह हो जाते हैं! पिताजी सचमुच ब्रह्मा हैं, सचमुच चतुरानन हैं, इसीलिए तो नाम उनका अलग है। उनका नाम चतुरानन या ब्रह्मा नहीं, गंगाधर है। और किसी से सवाल पूछने की तो नौबत ही नहीं आई कभी। अरे, जिसका जवाब पिताजी नहीं दे सकते, वह भी कोई सवाल हुआ भला? पूछने लायक ही नहीं ठहरा जी वो सवाल तो। पता है उसे, सिर्फ दर्जा पाँच पढ़े हैं। पर बहुत दर्जा पास करने से ही कोई 'ज्ञानी' बन जाता है क्या? ब्रह्माजी तो दर्जा पाँच भी पास नहीं किये थे। तब फिर?

"बाबू, ये ऐसी ग़न्दी-ग़न्दी बातें 'हितोपदेश' में क्यों लिखी हैं?"

"किसने कहा तुमसे?"

"किसी ने नहीं। क्या तुमको नहीं लगतीं ग़न्दी?"

"भाऊ! ग़न्दगी कहीं बाहर नहीं, हमारे मन में होती है। ज़िन्दगी जैसी है, हितोपदेश उसे वैसा ही दिखाता है—ज़िन्दगी की सचाइयों को। सचाई ग़न्दी कैसे हो जाएगी?"

"सचाई क्या होती है बाबू? यह घर है, यह बाजार है, ये सच्चे नहीं हैं क्या? फिर रोज़ क्यों ग़न्दे हो जाते हैं? झाडू क्यों लगाते हैं रोज़? तुम कहते हो ग़न्दगी मन में होती है। मन में झाडू कैसे लगेगा?"

"कैसी बात करता है भाऊ? मंदिर क्यों जाते हैं हम? पूजा-पाठ किसलिए करते हैं? तू अपनी महतारी के साथ एकादशी का व्रत क्यों रखता है? मन में जो कूड़ा-कर्कट जमा है, उसी को तो साफ़ करने के लिये तो करते हैं ये सारे धरम-करम, दान-पुन्न।"

~

"बाबू! यह हितोपदेश तो कहानियों की किताब हुई। तो फिर मंदिर में—महन्तजी की अलमारी में किसलिए रक्खी है? रामायण-महाभारत और पुराणों के साथ?"

''क्यों? इसमें हर्ज क्या है? रामायण-महाभारत में या पुराण में भी क्या कहानियाँ ही नहीं हैं?''

''अरे बाबू, उनकी बात और है। वे तो देवी-देवताओं की, भगवान् की कथाएँ हैं।''

''और, क्या राक्षसों की भी नहीं हैं? सुर-असुर, देव-दानव सभी तो हैं वहाँ।''

''ठीक है। मगर 'हितोपदेश' तो वह भी नहीं है ना! हितोपदेश तो कव्वे, चूहे, कछुए, हिरन, शेर-बाघ, साँप-बिच्छू...और उन्हीं के जैसे आदमियों की कहानी है। धार्मिक ग्रंथ तो नहीं ही हुआ ना वह?''

''तो क्या हुआ? हम सभी के हित की बातें ही तो हैं उसमें। दुनिया को तो देखो। इस छल-प्रपंच से भरी दुनिया में कैसे रहना?...यही तो सिखाता है 'हितोपदेश'। तभी तो लाया तेरे लिए मैं। तो, यह भी धर्म की ही बात हुई कि नहीं? धर्म में क्या नहीं आता भाऊ? सब कुछ आता है...सब कुछ।''

''जार और कुट्टनी भी? वार और वनिता भी?''

''क्यों नहीं? जहाँ भी मनुष्य होंगे, वहाँ अच्छा-बुरा सब होगा। 'सुमति-कुमति सबके उर रहहीं/नाथ, पुराण-निगम अस कहहीं'...कहा है कि नहीं गोस्वामीजी ने? क्या मतलब हुआ इसका? अरे, धर्म और अधर्म तभी से साथ-साथ चलते आ रहे हैं, जब से यह दुनिया बनी। रामायण को ही देख लो। एक तरफ़ राम हैं तो दूसरी तरफ़ रावण भी है। बल्कि रावण पहले है, राम बाद में हैं। फ़र्ज करो, रावण होता ही नहीं; तो राम कैसे होते? क्यों होते? भगवान् की सृष्टि में हर चीज़ की अपनी जगह और ज़रूरत है। बिरथा यहाँ कुछ नहीं। हम ठैरे दुर्बल मानवजीव। अपने ही हिसाब से सबको तोलने वाले। मगर भगवान् क्या हमारे हिसाब से चलेंगे? अरे, अनन्त कोटि ब्रह्मांड जिनके एक इशारे पर नाच रहे हैं जाने कब से, उनके सामने हमारी बिसात क्या है? कुछ भी तो नहीं। फिर भी, तुम देखो, अपने भक्तों की एक ही पुकार पर वे कैसे दौड़े चले आते हैं अपना वैकुंठ छोड़कर। और वह सब दुख-कष्ट भुगतते हैं, जो हमारे जैसे लोग भुगतते हैं। बल्कि, हमसे कहीं ज़्यादा, बहुत-बहुत ज़्यादा।''

''मगर...क्यों? क्या ज़रूरत थी उन्हें खुद आने की? अपने सिपाहियों को भेज देते।''

''कैसी बात करता है भाऊ? रावण जैसे महाप्रतापी को कोई सिपाही

हरा सकता था? जिसने देवताओं के राजा इन्द्र को भी हरा दिया। भगवान् को सबसे ज्यादा चिंता मनुष्य की होती है, सबसे ज़्यादा प्रेम उनका मनुष्य पर ही है; इसलिए मनुष्य पर विपत आएगी तो उनके सिवा उसे कौन सँभालेगा? कौन रक्षा करेगा उनकी?...'सब मम प्रिय, सब मम उपजाए/सबतें अधिक मनुज मोहिं भावे'...कहा है कि नहीं कहा है उन्होंने? क्यों कहा है, सोचो तुम्हीं। क्यों है नारायण को नर से इतनी प्रीत?"

"क्यों है?"

"अरे, कुछ ऐसी ख़ास बात होगी उसमें, जो और जीवधारियों में नहीं होती। तभी तो। असली जोड़ी तो जो है, नर-नारायण की ही है भाऊ! तभी तो, कैसे वे नर से ही अपनी खास दोस्ती बनाते हैं—जैसे अर्जुन से, सुग्रीव से, हनुमान् से, विभीषण से..."

"सुग्रीव-हनुमान्? क्या बात करते हो बाबू? वे तो बन्दर हुए। और विभीषण तो राक्षस कुल में ही हुए ना? अच्छे थे तो क्या हुआ? थे तो राक्षस ही।"

"नहीं भाऊ। ऐसा नहीं कहते। वे सब मनुष्यों जैसे ही बुद्धिमान् और वीर पुरुष थे। तभी तो भगवान् ने उनकी मदद ली। मनुष्यों में क्या दुष्ट नहीं होते? अधर्मी भी। राक्षसों से भी बदतर?"

"बाबू! क्यों बन जाते हैं वे दुष्ट और अधर्मी? अच्छे क्यों नहीं बनते? एक ही घर में, एक ही माँ-बाप के यहाँ रावण भी पैदा हो जाता है और विभीषण भी। ऐसा क्यों होता है बाबू?"

"बताया तो तुझे मैंने! भगवान् के विधान में रावण भी ज़रूरी होता होगा और विभीषण भी। महाभारत ही देख लो। कहाँ रामायण! और कहाँ महाभारत?...है कोई मेल दोनों में?...मगर दोनों अपनी-अपनी जगह सच्चे हैं कि नहीं? भाऊ! यह कोई सतयुग-त्रेतायुग की ही बात नहीं है। आज भी हमारी आँखों के सामने घर-घर में रामायण और महाभारत चल रहा है। जहाँ युधिष्ठिर है, वहीं दुर्योधन भी होगा। हमेशा, हर ज़माने में होगा। जहाँ विदुरजी होंगे, वहीं शकुनि और दुःशासन भी होंगे। भगवान् की लीला अपरम्पार है भाऊ!"

"भगवान् की? या आदमी की?"

"दोनों की। तभी तो नर-नारायण का जोड़ा बना है बेटा! आदमी के भीतर ही भगवान् भी है और हैवान भी।"

~

ठीक ही तो कहते थे बाबू। है तो सच्ची में ऐसा ही। क्या-क्या नहीं देख और भुगत लिया कुल जमा सत्तर बरसों में सनातन ने! मगर...तब फिर रामायण की तरह घर-घर में महाभारत का पाठ भी क्यों नहीं करते? क्यों डरते हैं उससे इतना, जबकि वह भी उतनी ही बड़ी सचाई है? कैसा हाहाकार मच गया था घर में—सनातन को खूब याद है—जब 'महाभारत' उठाकर ले आया था उस दिन रघुनाथ मंदिर की लाइब्रेरी से?...और तो और, खुद बाबू की अम्मा यानी दादी तक ने कितना हल्ला-गुल्ला मचा दिया था? और... माँ? माँ भी तो मन ही मन उन्हीं की तरफ़ हो गई थी—भले अपने मुँह से उसने कुछ भी न कहा हो। पर डर तो वह भी गई ही थी। तभी तो तंग आकर पिताजी फिर अगले दिन ही सुबह-सुबह वह पोथा बाँध-बूँधकर वापस रघुनाथ मंदिर ही पहुँचा आए थे।

~

"वहीं महन्तजी की बैठक में पढ़ लेना। क्या फायदा खामखाह सबका दिल दुखाने से?"

"मगर,...क्यों? यह तो बिलकुल झूठी बात है ना, कि महाभारत पढ़ने से घर में ग़दर हो जाता है?"

"हाँ भाऊ, है तो बेकार की बात। मगर इनको कौन समझाए? हर क़िसम का ज्ञान हर क़िसम के लोग नहीं पचा सकते। मगर रहना तो ज्ञानी को भी अज्ञानियों के बीच में ही पड़ता है ना? भगवान् ने खुद ही कहा है गीता में कि..."न बुद्धिभेदं जनयेत् अज्ञानां कर्मसंगिनाम्"...।

"क्या मतलब?"

"यही, कि विद्वान् आदमी को भी बड़ी-बड़ी बातें करके जनसामान्य को चक्कर में नहीं डालना चाहिए। नहीं तो वे जितना जो भी धरम-करम करते आ रहे हैं, वह भी घपले में पड़ जाएगा।"

~

"और, वैसे भी भाऊ, हमारे घर में वैसे ही कोई कम क्लेश नहीं।"

"वैसे भी घर में कम क्लेश नहीं"...इस एक वाक्य ने सनातन उर्फ सन्तू की बोलती बन्द कर दी थी। क्योंकि वह नंगी निपट सच्चाई थी—रोज़मर्रा की।

फिर भी...हीरो तो हीरो ही हुआ। ऐसा भी हीरो क्या—जो किसी भी

कैसी भी परिस्थिति के सामने घुटने टेक दे। अपने ही लोगों के हाथों अपने ही घर में पिट जाए! वह भी एक निरंग झूठ से।

सबक़ बहुत कड़वा था। इतना कड़वा, कि निगला नहीं गया। निगला भी, तो पचा नहीं। अब यूँ तो रोज़ाना ही उस किशोर मन पर खरोंचें पड़ती ही रहती थीं। परन्तु यह नई खरोंच कुछ ज़्यादा ही गहरी पड़ गई। नहीं, नहीं! यह ठीक नहीं है—उस ज़रा-सी बात को इतना तूल देना। तुम तो भूल ही गए थे उस घटना को। कोई घटना जैसी घटना हुई वह?

पिता से मोहभंग का इतिहास तो बिलकुल ही अलग है। वह तो इसके बाद की—बहुत-बहुत बाद की घटना है। नहीं?

...अकस्मात् सनातन रास्ते में उभरी एक नोकीली चट्टान से टकराए और किसी तरह बमुश्किल मुँह के बल गिरते-गिरते बचे। किसी पिरूल पर फिसल जाने के कारण नहीं, बल्कि रास्ते में ही अड़े एक भारी पत्थर से ठोकर खा जाने से। उन्हें चक्कर-सा आ गया और वे वहीं घुटनों पर हाथ रखे जहाँ के तहाँ जड़ हो रहे। हे भगवान्! आज से पहले तो कभी ऐसा नहीं हुआ? अब क्यों हो रहा है? जहाँ उठते ही सुबह-सुबह पूरे छह मील का फर्राटा लगाते थे, वहाँ अब बमुश्किल डेढ़ मील चल पाते हैं। तो क्या अब इतने से भी गए? बुढ़ापा क्या इसी को कहते हैं? यह ज़रा-सी चढ़ाई में हाँफने लगना? पर यह तो चढ़ाई भी नहीं, उतार है सीधा। चलो, सीधा नहीं, उबड़-खाबड़ ही सही। परन्तु...इससे क्या? हज़ारों बार रौंदा होगा यह रास्ता उन्होंने—इन्हीं-इन्हीं पाँवों से। आँखों पै पट्टी भी बाँध दे कोई, तो भी ये पाँव...अपने जाने-पहचाने रास्ते को आप से आप ढूँढ लेंगे—खुद अपनी आँख बनके।

तब फिर अचानक यह डगमगाहट क्यों? क्या वो नन्दू उर्फ सनन्दन ठीक ही कहता था? क्या सचमुच ही अब सनातन को एक तीसरी लकड़ी की टाँग का सहारा लेना पड़ेगा?... बग़ैर लाठी के यह शरीर अब अपना संतुलन भी नहीं साध पाएगा?

~

सनातन बाबू जिस एक चीज़ को लेकर कभी 'सेल्फ़-कांशस' नहीं हो पाए अभी तक, वह है उनकी उम्र। 'अजरामरवत्प्राज्ञो विद्यामर्थं च चिन्तयेत्' ...कहा है कि नहीं 'हितोपदेश' ने शुरूआत में ही?...और किसी उपदेश को

न भी सही, इस एक उपदेश का तो उन्होंने अक्षरशः पालन किया ही है। बस इसमें से 'अर्थ' भर निकाल दें तो। पर क्यों निकाल दें? क्या वे पढ़ाई पूरी करते ही धन्धे से नहीं लग गए थे? इतनी गाड़ी खींच ले गए, तो क्या यूँ ही? सारी तो ज़िम्मेदारियाँ निभा दीं उन्होंने उसी ईमान-धरम की कमाई से। ठीक है, आज की तरह हराम के लखटकिया नहीं होते थे उस ज़माने के लेक्चरार। मगर निभ तो गई न जैसे-तैसे। टॉप किया था आखिर एम. एस.सी. बॉटनी में—पूरी यूनिवर्सिटी में। कोई मज़ाक है? प्रोफेसर नहीं बन पाए—एक दो कौड़ी का तिकड़मी आदमी—उनके सिर पर लाके बिठा दिया गया, तो इसमें उनका क्या क़सूर? कोई है उनकी टक्कर का 'ईकोलॉजिस्ट' इस मुल्क में? न सही देश ने, विदेश ने तो की ही है उनकी क़दर। नहीं छोड़ पाए मोह लखनऊ का, तो क्या करें? पैसा और पद ही तो सब कुछ नहीं है। लखनऊ रहते ही तो एक तरफ़ साहित्य और दूसरी तरफ़ दर्शन की दुनिया से भी जुड़े रहे। विदेश में क्या यह संभव होता? कदापि नहीं। रिटायरमेंट के बाद तो उन्हें मानो एक दूसरा जन्म मिला है। पर्यावरण की चिंता को दार्शनिक और आध्यात्मिक आयामों से जोड़ने का। जैसा आज तक किसी ने नहीं किया होगा। सनातन करेंगे—सनातन को ही करना है यह। बस सिरफ़ दस बरस भी स्वस्थ जीवन के उन्हें मिल जाएँ तो।

पर...क्यों नहीं मिलेंगे?...अभी उम्र ही क्या है उनकी? सत्तर वर्ष ही न? मगर इस उम्र तक आते-आते तो बाबू भी लाठी लेके चलने लगे थे कि नहीं? और अठहत्तरवें वर्ष में तो स्वर्ग ही सिधार गए थे। तो क्या अब प्रोफेसर सनातन के पास भी कुल मिलाकर बस सात-आठ बरस ही बचे हैं? कैसा भोंड़ा मज़ाक है यह? अभी तो सचमुच जीने की—जीने का अर्थ जानते हुए जीने की—शुरुआत-भर हुई है। अभी से मरने की बात कहाँ से आ गई? अरे, यहाँ फुरसत किसे है मरने की? या कि बीमार पड़ने की? लखूखा आदमी है इस दुनिया में, जो कभी भूलकर भी अपने-आप से यह पूछने की ज़रूरत नहीं समझता कि क्यों जी रहा है, किसलिए जी रहा है? क्या मतलब है इस जीते चले जाने का?...इस बाज़ार को ही देख लो ; सुबह से देर रात तक सिवा ताश फेंटते रहने के कोई और काम है, इन बजरियों का?...पचास बरस पहले भी यही हालत थी और आज भी वह दृश्य जहाँ का तहाँ और ज्यूँ का त्यूँ बरकरार है।

वैसे...कोई ज़रूरी तो नहीं है ऐसा होना। पर अभी देवेन्द्र के साथ क्या हुआ? कहा नहीं था उसने अभी पिछले साल ही मुझसे, कि, 'मेरे पिता तो पचपन पूरा करते ही चल बसे थे। अब उनका वही रोग मुझे भी आ लगा है। तो ... मुझे नहीं लगता मैं उनसे ज्यादा जी पाऊँगा।'

और...सचमुच ही, वह पचपन क्या, चौवनवें बरस में ही चल दिया।

~

सनातन महाशय उल्टे पाँव लौट पड़े। कहीं आगे फिर से ठोकर खा गए और फिर से लड़खड़ा गए तो?...अभी रास्ता सुनसान है। यही ग़नीमत है। ऊपर चर्च की ओट में बैठकर सुस्ता लें। अभी कुछ ही देर में लोगों का रेला उमड़ आएगा। अच्छा है, आज किसी ने उन्हें लड़खड़ाते नहीं देखा।

2

सनातन लौटकर फिर से पक्की सड़क पर आ गए हैं और अब उधर दाएँ हाथ की ओर कोने में चर्च के पीछे जो विशालकाय देवदारु का वृक्ष है, उसके तने से पीठ टिकाकर बैठ गए हैं। यह जगह सड़क से थोड़ी दूर—काफी दूर हटकर है। यहाँ बैठे-बैठे सनातन चाहें तो सबको देख सकते हैं, पर उन्हें कोई नहीं देख सकता। जब वे यहाँ से उठकर वापस घर की ओर ले जाने वाली सड़क पकड़ेंगे तो लोग-बाग यही समझेंगे कि सनातन अभी सैर करके लौट रहे हैं।

बहरहाल, फिलहाल चलें, हम भी सैर करें। सनातन महाशय के दिलो-दिमाग़ की ही पगडंडियों पर...

''ऑफ मैन्ज़ फर्स्ट डिस्ओबीडियंस ...''

''तुम यह मिल्टन की रट क्यों लगा रहे हो? सपने में तुम्हारे पिताजी आए थे कि मिल्टन?''

''पिताजी। मगर... अभी मेरे पीछे जो पड़ा हुआ है, वह तो मिल्टन है।''

''इसलिए, कि तुम खुद अपनी *'डिसओबीडियंस'* को भूल गए। इसीलिए मिल्टन की आड़ ले रहे हो।''

''मैं किसी की आड़ नहीं ले रहा हूँ। मैंने जो किया था—वह हुक़्मउदूली नहीं थी। उससे कई गुना ज़्यादा बड़ा अपराध था। उसमें सरासर कृतघ्नता और सरासर क्रूरता थी मेरी। मैंने उन्हें नकारा था—उनके सारे किये-धरे को। मैंने उन्हें एक ही झटके में निकाल फेंका था अपनी ज़िन्दगी से।''

''क्या कहा था तुमने?''

''मैंने कहा था कि—हमारी दुर्दशा के लिए तुम...केवल-केवल तुम्हीं

ज़िम्मेदार हो। तुमने हमें भिखमंगा बनाके छोड़ दिया, मुझे नहीं चाहिए तुम्हारे उपदेश। मैं तंग आ चुका हूँ तुमसे, तुम्हारे भाइयों के इस घर से। मैं जा रहा हूँ और तभी लौटके आऊँगा जब अपने दम पै पढ़ाई पूरी कर लूँगा।''

''क्या कहा उन्होंने?''

''कहते क्या? मुझ पर पागलपन सवार हो गया था। कब तक नहीं होता? आखिर मैं बेटा किसका था? कभी तो विस्फोट होना ही था मेरी भी दबी-कुचली भावनाओं का। क्या उनका नहीं होता था। उस क्षण उन्होंने मुझमें अपनी ही एक ऐसी छवि देखी होगी जैसी कभी नहीं देखी थी और जिसे केवल मैं, केवल मैं ही दिखा सकता था उन्हें। आत्म-साक्षात्कार का क्षण रहा होगा वह उनके लिए—ऐसे आत्म-साक्षात्कार का, जो कोई गीता, कोई रामायण उन्हें नहीं करा सकते थे। तभी तो उन्होंने मुझे क्षमा कर दिया। हाँ, ... अवज्ञा मुझसे भी हुई ज़रूर। मगर माँ की। पिता की नहीं।''

''कैसी अवज्ञा?''

''ज़िन्दगी में पहली बार माँ मुझ पर कुपित हुई थी। वह, जिसके मुँह से कभी एक दिन अचानक निकला और अचानक यूँ ही मेरे कान में पड़ गया वाक्य ब्रह्मवाक्य की तरह मुझमें भिद गया था कि ''मेरा लड़का कभी कोई ग़लत काम नहीं कर सकता''। ...मगर उस दिन उसने मुझसे कहा—''जो कुछ भुगता है मैंने भुगता है। जब मैंने उनसे कभी कुछ नहीं कहा, तो तू कौन होता है उनसे इस तरह बात करने वाला? जा, फौरन अभी उनके पाँव छूके माफी माँग कि मुझसे ग़लती हो गई।''

''फिर?...''

''नहीं। मैं गया ज़रूर उनके पास पाँव छूने उनके। और उन्होंने मेरे सिर पर हाथ भी रक्खा। पर न मेरे मुँह से कुछ निकला, न उनके। झूठ बोला मैंने माँ से—आधा झूठ—कि मैंने माफी माँग ली है और उन्होंने मुझे माफ़ भी कर दिया है। उन्होंने माफ़ कर दिया था—यह सच था। पर मैंने उनसे कोई माफ़ी-वाफ़ी नहीं माँगी थी। वह स्पष्टतः झूठ होता और मैं आखिरी वक्त उनसे झूठ नहीं बोल सकता था। इसे वे भी अच्छी तरह जान गए थे। खूब अच्छी तरह। बेशक वह उनके लिए किसी मर्माघात से कम नहीं रहा होगा। पर...मुझे खुद पता नहीं था...मैं ऐसा भी कर सकता हूँ। पछतावे या ग्लानि जैसी चीज़ों की पहुँच ही नहीं हो सकती थी उस गड्ढे तक, जहाँ से वह लावा

फूटा था। यह मैं आज जिस तरह साफ़-साफ़ देख पा रहा हूँ उस तरह तब कैसे देख सकता था? मेरी जगह कोई और भी होता तो वो भी नहीं देख सकता था। बहरहाल...

~

''ऑफ मैन्स फर्स्ट डिस्ओबीडियंस'... पहली हुक्मउदूली आदम की।

''किसकी अवज्ञा हुई आदम से?''

''आसमानी परमपिता की। और इसी अपराध के लिए उसे हमेशा-हमेशा के लिए निष्कासन झेलना पड़ा स्वर्ग से।''

''कैसी अवज्ञा थी वह?''

''अरे, समूची बगिया एक से एक स्वादिष्ट रसीले फलों के वृक्षों की भगवान् ने उसके नाम कर रक्खी थी। सिरफ़ एक 'ज्ञान का फल' चखने की उसको मनाही की थी। बेवकूफ़ उसी पर हाथ साफ़ कर बैठा। अब, ऐसी मनमानी करोगे, तो उसकी सज़ा भी तो भुगतनी ही पड़ेगी।''

''क्या वाहियात बात है? अव्वल तो उस अभागे को तुमने बताया ही क्यों, कि यह 'ज्ञान का पेड़' है? और, बता ही दिया था तो फिर मना करने का क्या तुक था। कैसा पिता ठैरा वह, जो अपनी ही संतान को ज्ञान से वंचित करके 'अज्ञान' में ही ग़र्क रखना चाहता है?''

''कैसी बात करते हो? नास्तिकों जैसी। यह क्यों नहीं सोचते कि 'ज्ञान' भी किसिम-किसिम के होते हैं और जिस 'ज्ञान' से वे 'परमपिता' अपनी सबसे प्रिय रचना को—यानी 'आदम' को बचाना चाहते थे, वह ज़रूर बहुत खतरनाक किस्म का 'ज्ञान' होगा।''

''फिजूल की बात। भला उस सर्वशक्तिमान् परमपिता को एक पिद्दी से आदमी से क्या ख़तरा हो सकता था? कॉमनसेंस तो यही कहेगा कि कोई भी सत्ता ऐसा 'सेंसर' तभी लगाती है, जब उसे खुद अपने ऊपर ख़तरा मँडराता प्रतीत होता है।''

''तुम यह थियोलॉजी में —परमात्म-विज्ञान में—पॉलिटिक्स क्यों घुसेड़ रहे हो?''

''मैं कुछ नहीं घुसेड़ रहा हूँ। वह पहले से घुसी हुई है वहाँ।''

''मगर, उस सारे जहाँ के मालिक को भला एक मामूली-से इंसान से क्या खतरा हो सकता है?''

''यही, कि कहीं वह सचमुच ही ज्ञानी न बन जाए। ज्ञान का फल सचमुच ही न चख ले।''

''फिर वही उलटबाँसी!...ज्ञान से आखिर तुम्हारा आशय क्या है? वही ना, जो इस मिथक को गढ़ने वालों का रहा होगा?''

''बिलकुल नहीं। मुद्दे की बात तो वही है। 'ज्ञान' का अर्थ होता है 'आत्म-ज्ञान'। पहला ही सबक, जो मेरे पिता से मैंने सीखा और कभी नहीं भूला, वह यही था। ज्ञान का मतलब आत्म-ज्ञान।

''वह क्या होता है?''

''यही, कि आत्मा और परमात्मा में, जीव और ब्रह्म में कोई भेद नहीं है। यानी दोनों के बीच कोई ऐसी दूरी नहीं है जिसे पाटा न जा सके। ज्ञान वह है जो आदमी को उसकी असलियत का पता दे, उसे उसके सच्चे स्वरूप की पहचान करा दे। यानी साक्षात् अनुभव करा दे आत्मा यानी परम आत्मा का। याद नहीं वह चौपाई, जिसे पिताजी तकि़याकलाम की तरह दोहराते नहीं थकते थे :'सो जानत जेहि देहु जनाई/जानत तुम्हहिं तुम्हहि हो जाई।...।''

''अरे! तो इसमें ऐसी ख़तरे की बात क्या है?''

''कैसे नहीं है? खतरा नहीं होता तो 'मैं ही वह ब्रह्म हूँ' ... कहने वालों को सूली पर क्यों लटका दिया जाता? हजारों 'हेरेटिक'–यानी लीक से अलग हटकर स्वाधीन बुद्धि से सोचने वाले लोग ज़िन्दा क्यों जला दिये जाते?... खतरा था सचमुच, इसीलिए ना?''

''खतरा किसको?''

''उसी तानाशाह परमपिता की सत्ता को। उसके नाम पर खड़े किये गए संगठन की सत्ता को।''

''हद हो गई यह तो। वह परमपिता क्या, जो अपनी ही संतान से, उसी की बुद्धिमत्ता और प्रश्नाकुलता से भय खाने लगे?''

''सवाल परमपिता के डरने का नहीं है। सवाल उसकी सत्ता से मनुष्य के डरने का है। क्योंकि वह सत्ता तभी तक निर्विवाद और सुरक्षित है, जब तक मनुष्य उससे डरता रहे। जहाँ एक बार वह डर छूमंतर हुआ कि उस डर की नींव पर खड़ी सत्ता भी डगमगाई। सारा ठाठ-बाट ही चरमरा कर एकबारगी ढह जाएगा उस डर कें ठेकेदारों का। अब तुम्हीं बताओ इतना बड़ा 'रिस्क' कोई भी समाज और उसको चलाने वाला तंत्र क्यों उठाएगा?''

"अच्छा, तो धर्म महज़ व्यवस्था का, सामाजिक संगठन का—'सोसियोलॉजी और पॉलिटिक्स का—मामला है; सच्ची श्रद्धा का, और वह श्रद्धा जिस स्रोत से अपनी खुराक खींचती है, उस साक्षात् अनुभव का नहीं। क्यों?"

"तुम कहना क्या चाहते हो? बग़ैर व्यवस्था के, बिना किसी संगठन और अनुशासन-तंत्र के क्या कोई भी मानव-समाज कभी टिक सकता है?"

"नहीं टिक सकता, माना। मगर यह कौन तय करेगा कि वह संगठन या धर्मतंत्र कैसा हो और क्या हो? आखिर व्यवस्था किसलिए चाहिए? इसीलिए ना, कि हर आदमी को अपने स्वभाव, अपनी क्षमता के अनुरूप खिलने और खुलने का पूरा अवसर मिले? यानी, उसका जो चरम-परम हित और स्वार्थ हो सकता है, वह सधे। बिना अपने ही जैसे अन्य मानव-बन्धुओं के उसी तरह के और वैसे ही हित को साधने में बाधक बने।"

"पहले तुम यह तो बताओ कि मनुष्य का यह चरम-परम हित या स्वार्थ होता क्या है? संसार में प्राणिमात्र सुख चाहता है। आदमी भी। तो यह सुख ही तो चरम-परम स्वार्थ हुआ उसका? अर्थात् सुख की खोज करना, उसके साधन जुटाना। क्या इसमें आपस में टकराहट अनिवार्य नहीं? छीन-झपट-लूट-शोषण, ईर्ष्या, द्वेष और हिंसा भी? क्योंकि सुख के साधन जो हैं, वे तो सीमित ही हुए ना? हाँ, इस मनुष्य का लालच ज़रूर असीम है।"

"देखो हम अपने मूल विषय से भटक गए। बात सुख-दुख की या अतृप्ति-तृप्ति की नहीं थी। बात आत्मा और परमात्मा की हो रही थी।"

"बेशक। मगर आत्मा-परमात्मा को मानता कौन है आजकल? जानता कौन है? जो जानते हैं और जानकर ही मान पाते हैं, हम उन्हीं की बात तो करेंगे?"

"देखो, अगर परमात्मा से तुम्हारा आशय किसी सातवें आसमान में विराजमान ऐसी सत्ता से है जो अपनी ही बनाई सृष्टि में रचा-बसा नहीं, जो घट-घट-व्यापी नहीं, जो निराकार और साकार भी एक साथ नहीं, तो ऐसी सत्ता को तो मैं भी नहीं मानता। मैं क्या, कोई भी बुद्धि-वान् मनुष्य, जो इक्कीसवीं सदी का नागरिक भी है, वह ऐसे परमपिता पर अपना विश्वास नहीं टिका सकता। यहाँ तक तो मैं तुमसे सौ फीसदी सहमत हूँ। किंतु... आत्मा? आत्मा को नहीं मानने का सवाल ही कहाँ उठता है? 'मैं हूँ' यह बोध ही तो एकमात्र अकाट्य सत्य है। है कि नहीं? तुम हर चीज़ पर, हर

बात पर शंका कर सकते हो; पर इस बोध पर नहीं कर सकते जो चौबीसों घंटे दिन-रात तुम्हारे साथ लगा-लिपटा रहता है। इसका क्या अर्थ हुआ? इसका अर्थ यही न हुआ कि वही श्रद्धा, वही विश्वास टिकाऊ और सत्य हो सकता है जो इस 'मैं हूँ' की अकाट्य अनुभूति पर खड़ा हो, उसी पर टिका हो और उसी में से निकलता हो। वही न आदमी का सबसे बड़ा स्वार्थ और परमार्थ भी होगा? स्वारथ और परमारथ के बीच वहाँ कोई ऐसी खाई नहीं होगी जिसे पाटा न जा सकता हो।''

''कैसे? मैं समझा नहीं।''

''मैं हूँ—यह बोध निरन्तर है। परंतु हम इसमें क़ायम नहीं रह पाते। हम हर मूड, हर राग या द्वेष के अधीन हो जाते हैं; उसी में सराबोर हो जाते हैं। मगर यह मूड तो क्षण-प्रतिक्षण बदलता रहता है। तो जो इतना अस्थिर, चंचल है, हर क्षण बदलता रहता है, वह 'मैं' कैसे हो सकता है? ठीक है कि मैं भोगनेवाला प्राणी भी हूँ; मगर भोग के क्षण में भी अपने भोक्तापन को अलग करके देख सकता हूँ। तो, जिसे मैं देख सकता हूँ, वह 'मैं' कैसे हो सकता हूँ? मैं वह द्रष्टा-साक्षी हूँ, जो इन पल-पल परिवर्तित होनेवाली स्थितियों और दृश्यों का—मेरे सुखी-दुखी, रागी-विरागी, कामी, क्रोधी, उदास-उत्फुल्ल, शान्त-उद्विग्न, हँसते-रोते बहुरूपिया भोक्तापन का दर्शक है। अपने-आप में निर्लिप्त। 'मैं कौन हूँ' का उत्तर इसीलिए यही न हुआ कि मैं यह साक्षी द्रष्टा हूँ जो इस देह-मन-प्राण से परे कोई चीज़ है और वही आत्मा या कह लो जीवात्मा है?''

''और...परमात्मा?''

''ज़ाहिर है—परमात्मा वह है जिसकी परछाई यह साक्षी आत्मा है, जिसे प्रत्येक मानवजीव अहर्निश अपने भीतर महसूस करता है।''

''अर्थात्—चलो, अब लौटें अपने मूल विषय पर, जहाँ से यह सारा बखेड़ा शुरू हुआ। तुम्हारा उस आदम और ईडन गार्डन वाले किस्से के बारे में यही न सोचना है कि आदम को जिस ज्ञान का फल चखने की मनाही की गई थी—वह ज्ञान यही आत्मा का अनुभव—यानी आत्म-ज्ञान था? यानी, यह ज्ञान, कि तुम स्वयं आत्म-दीप्त हो, यानी परमात्मा का अंश हो; और इस ज्ञान को उपलब्ध करने के लिए तुम्हें किसी मध्यस्थ मसीहा की ज़रूरत नहीं है। सीधी पहुँच संभव है तुम्हारी उस परमेश्वर परमपिता तक।''

"क्यों?—गुरुकृपा क्या है?"

"गुरुकृपा? कम से कम तुम तो ऐसा गडमड मत करो। गुरु बिचौलिया नहीं होता। गुरुःसाक्षात् परब्रह्मः —कहा है कि नहीं हमारे यहाँ?"

"कहा होगा। मुझे उद्धरणों से मत भरमाओ। यह तो कुफ़्र है। जानते ही होगे कि ज्ञान का फल भी पहले स्त्री ने चखा था, पुरुष ने नहीं। वह भी, शैतान के बहकावे में आकर। पुरुष ने तो मजबूरी में उसका जूठा-भर खाया। कि, अब जब सज़ा भुगतनी ही है तो यह बेचारी अकेली क्यों भुगते? आखिर परमपिता ने ही तो मेरे अकेलेपन पर तरस खाके इसे मेरा साथ देने के लिए मेरी पसली से उपजाया। तो फिर, इसका जो होना है, वही मेरा भी हो।"

"यानी, कि उस प्रथम पुरुष ने प्रथम स्त्री के प्रेम में पड़ के स्वर्ग का राज्य खोया। यही न तुम कहना चाहते हो?"

"देखो, प्रेम से अगर तुम्हारी मुराद रोमांटिक प्रेम से है, तो वैसा वहाँ कुछ नहीं था। प्रेम दो के बीच होता है। वे दो नहीं, डेढ़ थे और वह प्रेमिका नहीं, अर्द्धांगिनी थी। ज्ञान का फल चखने से पहले पुरुष को ही कहाँ पता था कि वह पुरुष है और यह स्त्री है?"

"अब तुम मज़ाक पर उतर आए। आखिर जो कुछ भी हुआ, परमात्मा की इच्छा से ही तो हुआ। यह आदम की रचना और फिर वह अर्धनारीश्वरी विभाजन—स्त्रीलिंग और पुल्लिंग का..."

"अर्धनारीश्वर को तो तुम बख्श ही दो। उसे परमपिता के साथ गडमड मत करो। उस परमपिता के यहाँ तो परम माता या कि जगदम्बा के लिए भी क़तई कोई गुंजाइश नहीं। वहाँ तो केवल फ़रिश्तों का दरबार लगाए बैठा सर्वशक्तिमान् मर्द स्रष्टा है। मनुष्य को भी उसने अपनी परछाईं के रूप में रचा। 'गॉड मेड मैन इन हिज़ ओन इमेज।..."

"तो इसमें तुम्हें क्या परेशानी है? तुम भी तो अभी-अभी यही न कह रहे थे कि हमारे भीतर बैठा साक्षी-द्रष्टा उस परमात्मा का ही प्रतिबिम्ब है।"

"दोनों बातों के बीच फ़र्क है? कम से कम तुम तो इस तरह दोनों को गडमड मत करो। अपना जो परमात्मा यानी 'ब्रह्म' है, वह भी साक्षी ही है, स्रष्टा नहीं। स्रष्टा की अपने यहाँ कोई खास अहमियत नहीं रही। देखते नहीं, ब्रह्माजी का हाल? एक भी मंदिर देखा है कभी तुमने उनके नाम का? सिवा एक, वो क्या कहते हैं?—पुष्कर को छोड़...?"

‘‘छोड़ो। मगर पहले यह तो बताओ कि इतने सारे फरिश्तों के होते हुए भी, तुम्हारे परमपिता को इस आदमी नाम के अजूबे को गढ़ने की ऐसी क्या ज़रूरत आ पड़ी?’’

‘‘इसलिए, कि फ़रिश्तों की एक पूरी बटालियन ने अपने कमाण्डर ‘लुसिफर’ की अगुवाई में परमपिता के खिलाफ बग़ावत कर दी थी और इसी कारण उन सबको पाताल में धकेल दिया गया था। तो उस खालीपन को भरने के लिए...’’

‘‘ओह! तो परमपिता का कोपभाजन बनने वाला मनुष्य ही पहला प्राणी नहीं था। यह उनकी बहुत पुरानी लत थी। वह विद्रोही फ़रिश्ता भी शुरू से ही ‘शैतान’ नहीं रहा होगा। बाद में ही उसे यह उपाधि मिली होगी। आखिर क्या जुर्म किया था उसने—बाइ द वे? उसी तरह की कोई हुक्मउदूली, जैसी बेचारे आदम से हुई?’’

‘‘जब तुम्हें सब कुछ पता है तो फिर पूछ क्यों रहे हो मुझसे? पुछड़े लगाना तुम्हारी पैदाइशी लत है। ठीक तो कहते थे तुम्हारे घर के लोग।’’

‘‘क्यों? सवाल पूछना क्या हमारे यहाँ भी गुनाह हो गया?’’

‘‘क़तई नहीं। कभी नहीं। यमराज तक ने याद नहीं, नचिकेता से क्या कहा था? यही ना कि...‘हे नचिकेता, तूने तबीयत खुश कर दी मेरी। मैं तो यही मनाता हूँ कि तेरे जैसे प्रश्न पूछने वाले और भी निकलें इस पृथ्वी पर। माँग मुझसे, जो भी वरदान तू माँगना चाहता है। तू पहला आदमी है जो मुझसे नहीं डरा।’’

‘‘अब तुम इसमें यमराज को कहाँ घसीट लाए? हम तो परमात्मा की बात कर रहे थे। इसमें यमराज कहाँ से आ टपके?’’

‘‘यह लो—क्या तुम्हें मुझे अब यह भी बताना पड़ेगा कि यमराज का ही दूसरा नाम धर्मराज है? युधिष्ठिर जिनके अंश थे। अरे, तुम क्या समझते हो, धरम-करम का—खुद परमेश्वर नाम की सत्ता या कल्पना का— स्रोत कोई और है? मृत्यु के भय पर ही तो टिकी है सारी सत्ता और महिमा उनकी। सीधा सामना इस यथार्थ का आज तक एक नचिकेता और एक सावित्री के सिवा किसी और ने किया हो, तो बताओ। क्या ग़लत कहा यमराज, यानी धर्मराज ने? निर्दोष सरलता या *रेडिकल इनोसेंस* इसे कहते हैं—नचिकेता को। जिसका अर्थ ही यह है कि ‘ न चिकेता—मैं कुछ भी नहीं जानता।’ असली प्रश्नाकुलता, असली धर्मजिज्ञासा तो अपनी इस आमूलचूल अकिंचनता की

अनुभूति से ही उपजती है ना। वही तो धर्मराज से—यानी आत्मा के धर्म से—'रेलीजन ऑफ दि सेल्फ़' से—सच्चा-खरा सम्बन्ध बना सकती है। यह न तो आदम का भोलापन है, न वह तथाकथित विद्रोह— लुसिफर उर्फ़ शैतान का—जिसे 'हुब्रिस' कहके दंडित किया गया। तुम्हें कुछ और पूछना है?''

''तुम तो इतने ऊँचे आसन से बोल रहे हो, जैसे तुम्हीं धर्मराज हो।''

''और...तुम, नचिकेता। आज हो क्या गया है तुमको? इस तरह जरा-व्याध और यमराज के बारे में तुम्हें आज इस घड़ी से पहले तो कभी सोचते नहीं सुना। कहीं कल रात के स्वप्न में तुम यमराज से ही तो नहीं टकरा गए थे—नचिकेता की ही तरह?''

''पता नहीं क्या हुआ? पर आज सुबह-सुबह जगने के साथ ही यह जो मिल्टन के *पैराडाइज़ लॉस्ट* की पहली ही पंक्ति मेरे पीछे पड़ गई है, मैं तो इसी से परेशान हूँ। पता नहीं यह क्या कहना चाहती है मुझसे—क्यों पीछे पड़ी है मेरे। ऐसा कभी नहीं हुआ आज तक मेरे साथ। भला मिल्टन से मेरा क्या लेना-देना!''

''होगा, कुछ तो ज़रूर होगा, तभी तो जकड़ रखा है तुम्हें सबेरे से। एक बात बताओ—लुसिफर के विद्रोह की वजह क्या थी?''

''यही, कि उसे लगा उसके साथ अन्याय हो रहा है। क़ायदे से उसकी जो जगह होनी चाहिए परमपिता के दरबार में, सबसे जेठा होने के नाते, उस पर उससे जूनियर को बिठा दिया गया है। उसे लगा यह पक्षपात है परमपिता का। ऐसा ही कुछ।''

''ओह! तो महाभारत स्वर्ग से ही आरंभ हो गया? आखिर क्यों नहीं परमपिता ने घर का झगड़ा घर के भीतर ही चुपचाप निबटा दिया? दुनिया-जहान में क्यों फैलने दिया उसको? क्यों हमेशा-हमेशा के लिए दुश्मन बना लिया अपनी ही जेठी-पाठी संतान को?''

''उसे गुरूर जो हो गया था अपनी योग्यता का! परमपिता को सवाल-जवाब पसंद नहीं। अपने फरिश्तों से वे विशुद्ध अधीनता की—अप्रश्न आज्ञाकारिता की—अपेक्षा करते हैं। लुसिफर ने उनकी न्यायशीलता पर ही सवाल खड़ा कर दिया; तो वे कैसे बख़्श देते उसे? उनकी दृष्टि में यह निरा अहंकारी दर्प था—'हुब्रिस' जिसे कहा गया है। तो...ऐसे अक्षम्य अपराध की भला और क्या सज़ा हो सकती थी—निरवधि निष्कासन के सिवा?''

''रुको, ठहरो...मुझे कुछ याद आ रहा है। ऐसा कुछ, जो इससे पहले मुझे आज तक कभी याद नहीं आया था। मुझे तो पता नहीं हमारे किस पुराण में यह कथा आती है। मैंने खुद तो नहीं देखी—पर किसी के मुँह से सुनी थी मैंने यह कथा। शायद पिताजी से सुनी हो या फिर महन्तजी से। कुछ-कुछ ऐसा ही चक्कर हमारे विधाता ब्रह्मा के साथ भी है। उन्होंने भी सृष्टि के आरंभ में ही अपने सनकादि मानस-पुत्रों को इसीलिए 'गेट आउट' कर दिया था—कि वे चुपचाप उनका हुक्म बजा लाने की बजाय उनसे उल्टे-सीधे सवाल पूछने लगे थे।''

''यह लो! अभी तक तो तुम मिल्टन की दुहाई दे रहे थे। अब पुराण का हवाला टाँकने लगे। कहीं यह मनगढ़न्त तो नहीं तुम्हारी?''

''नहीं, मनगढ़ंत बिलकुल नहीं है। मेरी स्मृति आजकल मेरे व्यक्तित्व की ही तरह एकदम टुकड़ा-टुकड़ा हो गई है। कब कौन-सा टुकड़ा कहाँ किस अतल से उछलकर मेरे भीतर धमाचौकड़ी मचाने लगेगा, इसका कोई ठिकाना नहीं।...हो सकता है उम्र के जिस दौर में मैं पहुँच गया हूँ, उसमें सभी के साथ ऐसा ही होता हो। कम से कम मेरे साथ तो ऐसा ही हो रहा है। अब देखो—कई वर्ष पूर्व जब मैं माउण्ट आबू गया था—वहाँ एक अद्भुत स्वामीजी मिले थे जिन्होंने मुझे अपनी दो पुस्तकें प्रदान की थीं—उन्हें ढंग से पढ़ने की कभी नौबत ही नहीं आई। बस उलटी-पुलटी भर थीं तभी। उन्हीं में से एक में यह ब्रह्मा की कथा आती है। शायद वह पुस्तक भी यहीं-कहीं पड़ी होगी—आज ही खोजता हूँ उसे। मुझे कुछ ऐसा याद आता है कि शायद दक्षिणामूर्ति के किसी स्तोत्र की टीका है वह। उसी में आता है यह प्रसंग। मुझे तो उसमें भी एक अपने निराले ही ढंग के *''पैरेडाइज़ लॉस्ट''* और *''पैरेडाइज़ रिगेण्ड''* की खुशबू आ रही है।''

''अच्छा तो तुम यही सब करते रहोगे—उम्र के इस आखिरी दौर में भी? सीधा सामना नहीं करोगे अपना और इस दुनिया का? अरे, तुम्हारे लिए ही क्यों, समूची मनुष्य जाति के लिए भी, जो जीवन-मरण का प्रश्न है,...वही, ...'मैं कौन हूँ, क्यों हूँ—इस पृथ्वी और ब्रह्माण्ड में मेरे होने का अर्थ और प्रयोजन क्या है'—यह जो सारे प्रश्नों का प्रश्न, यानी महाप्रश्न है, उसे क्या तुम इस तरह एक निरे अकादमिक मसले में *रिड्यूस* नहीं किये दे रहे हो? कभी मिल्टन, कभी पुराण, कभी महाभारत, कभी रामायण!...क्या तुक है इस सारी क़वायद का?''

''तुक है, तभी तो। नहीं तो आज इतने बरस बाद अचानक सुबह-सुबह मिल्टन क्यों याद आता और अभी-अभी अचानक अपने ब्रह्माजी क्यों याद आते, दक्षिणामूर्ति क्यों याद आते? मैंने, तुलनात्मक धर्मविज्ञान जिसे कहा जाता है, उसके बारे में कुछ भी नहीं पढ़ा है आज तक। मैं तो उतना ही कोरा हूँ उसमें, जितना तुलनात्मक भाषाशास्त्र या तुलनात्मक मिथक-शास्त्र में। पर नहीं पढ़ा है, इसलिए उन्हें बकवास या महज बुद्धि-विलास भी कैसे मान लूँ? आखिर यह सारी जद्दोजहद कहाँ शुरू हुई, किसने शुरू की––क्यों की–इसकी जड़ों तक जाना ज़रूरी है कि नहीं? खुद अपनी जड़ पहचानने के लिए भी? इसमें 'एकेडेमिक' जिसे तुम कह रहे हो, उससे भी परहेज़ क्यों? जाने-अनजाने भी हम जिसकी गिरफ़्त में है, उससे निबटना तो पड़ेगा ही।''

''किस-किससे निबटोगे? दोस्त और दुश्मन के बीच फ़र्क करना आज जितना मुश्किल है, उतना कभी नहीं था। इस भूमंडलीकरण के ज़माने में अब 'मित्रलाभ' और 'सुहृद्भेद' के सारे नियम उलट-पुलट गए हैं, 'विग्रह' और 'सन्धि' के भी। यह *कैलकुलेटिव थिंकिंग* तुम्हारे बूते की नहीं। तुम तो अपने 'मैडिटेशन' में ही शरण खोजो। छोड़ो यह सब ऊहापोह....।

''तुम कितनी बार 'छोड़ो-छोड़ो' कह चुके हो और फिर-फिर चिपक जाते हो। इस गिरजे की ओट में अन्तर्धान होकर तुमने कितना वक़्त गुज़ार दिया, तुम्हें कुछ होश भी है? एक भी राहगीर की आहट सुनाई दे रही है तुम्हें? सबके सब सैर निपटा के अपने-अपने धन्धों से लग चुके। अब तुम भी यहाँ से उठो और अपने धन्धे से लगो।''

''अरे, तो अभी तक मैं कर क्या रहा था? तुम क्या सेवा-निवृत्ति को ही धन्धे का खात्मा समझते हो।''

''मैंने ऐसा कुछ नहीं कहा। मैं साक्षी अवश्य हूँ; पर अपने भोक्ता से इस क़दर कटा भी नहीं हूँ। देखता हूँ, इधर तुम कुछ ज़्यादा ही चिड़चिड़े हो गए हो। सेवा-निवृत्ति के बाद ही तो तुमने अपने असली धन्धे की ओर ध्यान देना शुरू किया है। पहले तुम्हें मुझ पर ध्यान देने की–मेरा नोटिस तक लेने की फुरसत ही कहाँ थी?''

3

सनातन नाम थोड़ा अटपटा अवश्य है, पर इतना अटपटा भी नहीं है। चालू नहीं है, बस। अब यह बात दूसरी है कि नाम के रूप में भी वह सनातन नहीं रह पाया। इस अस्थिरता का भी एक रोचक इतिहास है।

असली राशि का नाम तो कुछ और ही था। शंकर? हाँ, शंकर ही तो। मगर हमारे अनंतपुर की बोली का मिज़ाज़ ही कुछ ऐसा है कि उसमें कुछ नामों का सही उच्चारण निभा पाना ही असंभव हो जाता है। लिहाज़ा, स्कूल के रजिस्टर में भले ही उनका नाम 'शंकर' लिखा गया हो, क्या घर में, क्या पास-पड़ोस में और क्या स्कूल के सहपाठियों के लिए भी वे 'संकर' ही रहे आए। एक पढ़ने में ठीक-ठाक ही नहीं, कभी-कभार अव्वल भी आ जाने वाले लड़के को अपने नाम की ऐसी दुर्दशा भला कैसे सुहा सकती है? हर कक्षा में एकाध 'बुली' भी होता ही है। प्रद्युम्न खन्ना, जो इन दिनों पाताल देवी के रास्ते पर चाय-बिस्कुट की दूकान खोले हुए है और निहायत ही गऊ आदमी बन गए हैं, वे तो उन दिनों खुल्लमखुल्ला इन्हें 'वर्णसंकर' कहके चिढ़ाते थे। तभी तो एक दिन अचानक शंकर जी का नाम बदलकर सनातन हो गया।

मगर यह जनाब जब नवीं कक्षा में दाखिल हुए तो जिस हिन्दी के नए-नए अध्यापक की निग़ाहों में वे चढ़े, उन्हें इनका यह नाम भी नहीं जँचा। आखिर वे पक्के आर्यसमाजी थे : अपने सबसे होनहार शिष्य को अपने रंग में रँगने की कोशिश क्यों न करते? तो उन्होंने एक दिन इनसे कहा—"सुनो, तुम अपना नाम बदल दो। सनातन ठीक नहीं है। अब से मैं तुम्हें सनत्कुमार कहा करूँगा—ठीक है?" ठीक ही लगा होगा तब तो इन्हें भी। क्योंकि गुरुदेव अग्निहोत्री के व्याख्यानों में अक़्सर ही 'सनातन' और 'सनातनी' निन्दा और

उपहास के ही पात्र हुआ करते। तो...इस प्रकार 'आर्य' और 'सनातनी' के बीच जो तनातनी उन दिनों चल रही थी, उसके चलते इन्हें तीसरी बार अपना नाम बदलना पड़ा। सनत्कुमार इन्हें जँच गया। बल्कि, उन दिनों इन पर आर्यसमाज का भूत इस क़दर सवार था कि इनका बस चलता तो अपना 'सरनेम' भी बदलकर 'आर्य' कर लेते। उन दिनों कई सारे लोग अपने नाम के आगे 'आर्य' लगाने लगे थे और आर्य समाज न केवल इस पुनीत कार्य में उनकी मदद कर रहा था, बल्कि खुद आगे बढ़कर उन्हें इसके लिए उकसावा-बढ़ावा भी दे रहा था। पिताजी ने ही समझाया होगा इन्हें, कि "बेटा, ब्राह्मण होने के नाते तुम्हारा आर्यत्व तो यूँ वैसे ही असन्दिग्ध ठहरा; तुम्हें भला अपने नाम के पीछे 'आर्य' लगाने की क्या ज़रूरत है?" ... पिताजी तो इनके, यों सनातन को भी सनत्कुमार कहने के पक्ष में बिलकुल नहीं थे। उनका कहना था कि एक ही बात है; दोनों ब्रह्माजी के पुत्र ठहरे! परन्तु इस 'कॉमनसेंस' को आर्यसमाजी गुरु के गले उतारना असंभव पाकर उन्होंने पुत्र की—यानी पुत्र के गुरु की—वह अटपटी ज़िद भी पचा ली। लिहाज़ा रातोंरात सनातन सनत्कुमार बन गए।

परन्तु यह सुधार भी दीर्घजीवी साबित नहीं हुआ। सनत्कुमार कहके कोई बुलाता नहीं था इन्हें। एक अग्निहोत्री जी को छोड़कर। बाकी सारी जनता के लिए ये या तो 'सनद' ही रहे आए या फिर 'सनी'। तिस पर, दो बरस बीतते न बीतते स्वयं आर्यसमाज से ही इनके मोहभंग की नौबत आ पहुँची। दो घटनाएँ एक के बाद एक —बल्कि लगभग एक साथ ही इनके साथ घटीं। एक तो इनके दीक्षागुरु अग्निहोत्रीजी का ही तबादला हो गया; दूसरे, एक दिन यूँ ही बैठे-बैठे अकस्मात् इनके सिर में एक बीहड़ सवाल उग आया कि आखिर क्या बात है कि सनातनी 'बाबू' तो इनके आर्यसमाज को प्रेमपूर्वक पचा ले जाते हैं; मगर आर्यसमाजी गुरु सनातनी तौर-तरीक़ों को बिलकुल भी नहीं पचा पाते? इसी पर से ये तुरंत-तत्काल इस निष्कर्ष पर जा पहुँचे कि तब फिर ज़रूर आर्यसमाज का ही हाज़मा कमज़ोर है। लगे हाथ इन्हें तब उसमें और भी कई सारी गड़बड़ियाँ दिखनी शुरू हो गईं जो इस तरह पहले कभी नहीं दीखीं थीं। बहरहाल, किस्सा-कोताह यह, कि हाईस्कूल का फार्म भरते समय इन्होंने अपना नाम फिर से बदलकर वापस 'सनातन' ही कर लिया। पिताजी ने भी इस अप्रत्याशित उलटफेर पर राहत की ही साँस ली होगी।

हालांकि गंगाधर बड़बाज्यू के मुँह से कभी भूलकर भी किसी ने आर्यसमाजियों की निंदा नहीं सुनी होगी, जैसी कि लाला फूलचंद या सनक के पिताश्री लाला मूलचंदजी सरीखे आर्यसमाजियों के मुँह से सनातन धर्म की आलोचना आए दिन सुनाई दे जाती थी।

सनातन उन भाग्यशालियों में नहीं आते जो लड़कपन से ही महत्त्वाकांक्षी बना दिये जाते हैं। जिन्हें पक्का पता होता है या पता करा दिया जाता है कि उन्हें क्या बनना-करना है। दरअसल वे मनुष्यों की किस कोटि में आएँगे, यह तय करना ही मुश्किल है। जितने भी प्रारूप या 'टाइप' मनुष्यों के अपने आस-पास देखने में आए हैं, सनातन उनमें से किसी में भी तो समाते नहीं लगते। न केवल दूसरों की, बल्कि खुद अपनी दृष्टि में भी उनकी क़दोक़ामत, चाल-ढाल, चेहरा-मोहरा, या 'बॉडी लैंग्वेज' जिसे कहा जाता है, वह...सब कुछ उनका बड़ा ढुलमुल लगता है। यानी साफ़-साफ़ पकड़ में नहीं आता। ऐसा आदमी अगर अक़्सर ही ग़लत समझा जाता है, या न्याय नहीं पाता, अवहेलना का ही शिकार बना रहता है अपने समाज और परिवेश में, तो इसमें सारा दोष समाज का ही नहीं है, कुछ उसका भी है। कितनी अजीब बात है कि कोई आदमी उस तरह अनासक्त भी न हो, असफल भी कदापि न हो, किन्तु अपनी सफलता से खुद ही छिटकता-बिदकता रहता हो और जब भी ऐसा मौक़ा आए जब न केवल सहकर्मियों या जान-पहचान के लोगों के चेहरों पर उनकी किसी कारगुज़ारी को लेकर सराहना की चमक दिखाई दे, बल्कि खुद अपने भीतर भी एक ज़बर्दस्त उछाल महसूस होने लगे, तो इसमें खुशी या गौरव भाव के बदले उसको एक अजीब-सी अनाम उदासी धर दबोचे। अर्थात्, इस दुनिया से अपना प्राप्य वसूल कर लेने की तसल्ली की जगह उस पर उल्टे एक अबूझ अनर्गल अपराध-भाव कोहरे की तरह घिर आए और उनकी सारी खुशी लील जाए। कुछ इस तरह, जैसे कि वे किसी दूसरे का प्राप्य छीने ले रहे हों।

मानना पड़ेगा कि यह एक ऐसी जीवात्मा का मामला है, जिसका एक हिस्सा तो ज़रूरत से ज्यादा विकसित हो गया है लेकिन दूसरा हिस्सा कच्चा ही रह गया है। सत्तर बरस की उम्र में —सेवा-निवृत्ति के दस बरस बाद भी— जिस आदमी को लगता हो कि सही अर्थों में जीना तो उसने अब जाकर शुरू किया है; अभी तक तो वह इस दुनिया की ही शर्तों पर जाने क्या-क्या जीता-करता रहा, जो औरों की दृष्टि में भले एक सफल और सराहनीय जीवन

रहा हो, स्वयं उसे वह अपना जीवन ही न लगता हो—तो उसकी ऐसी प्रतीति को क्या नाम दिया जा सकता है? जो चमत्कार अभी तक—इतने सारे भले-चंगे बरसों में भी नहीं हुआ, वह अब इन बचे-खुचे, हर तरह से ख़स्ताहाल दिनों में कैसे हो जायेगा? क्या खुद सनातन को पक्के तौर पर पता है कि वे चाहते क्या हैं—क्या बनना चाहते हैं जो वे अभी तक नहीं बन पाए? या कि जो 'बनना' और 'होना' वे अभी तक टालते आए—जाने किस खुशफ़हमी में? क्या उन्होंने कभी किसी क्षण अपने अजर-अमर होने का आश्वासन पा लिया था जो वे भीतर ही भीतर कहीं निश्चिंत-आश्वस्त रहे आए—उस अज्ञात, किंतु अवश्यंभावी अर्थ की, या मूल्य की उपलब्धि के बारे में—जो अर्थ और मूल्य मात्र उन्हीं तक सीमित न होगा, बल्कि जीवन-मात्र को आलोकित करने वाला नितांत निर्वैयक्तिक और शाश्वत सार्वभौम सत्य होगा।

यह मैं किस आधार पर कह रहा हूँ? उनके साथ अपने सुदीर्घ संपर्क के। ऐसा संपर्क जो पिछले चालीस बरसों से निरन्तर—कुछ अन्तरालों के बावजूद निभता आ रहा है। अपनी इस इकोलॉजी, यानी पर्यावरणी विशेषज्ञता के सिलसिले में सनातन जहाँ-जहाँ रहे, वहाँ-वहाँ मुझे भी बुलाते रहे। कई छुट्टियाँ मेरी इस चक्कर में उन्हीं के साथ बीती हैं—उनके आग्रह से भी और स्वयं मेरे भी उनके प्रति सहज आकर्षण के फलस्वरूप भी। वे वनस्पति शास्त्र के—उसमें भी पर्यावरण-विज्ञान के विशेषज्ञ हैं, जिसमें मैं यूँ तो एकदम कोरा था—पर उन्हीं के कारण उसमें भी प्रवेश पा गया। कोई इकहरा-इकतरफा आदान भी नहीं था यह; मेरा जो खुद का व्यसन है—साहित्य,—उसका संक्रामक मेरी सोहबत के कारण उन्हें भी लग गया। पर्यावरण-विज्ञान पर हिन्दी में जो एकमात्र प्रामाणिक ग्रंथ है,— हिन्दी में क्या, मेरी समझ से तो समूची दुनिया में उससे ज़्यादा विचारोत्तेजक और रोचक पुस्तक न होगी—वह उन्हीं की लिखी है। यह बात दूसरी है कि वे उसका आधा श्रेय मुझको देते हैं। मात्र इसलिए, कि मूलतः अंग्रेज़ी में लिखी गई उस पुस्तक का हिंदी में अनुवाद भर मैंने किया है। मेरे लाख मना करने पर भी उन्होंने अपनी भूमिका में इस 'योगदान' का ज़रूरत से ज़्यादा ही—बहुत ज़्यादा ही तूमार बाँधा है। उनके धीरज का इससे बड़ा सबूत और क्या होगा कि उन्होंने मात्र छह माह में जिस पुस्तक का पहला प्रारूप पूरा कर डाला था, उसे काटने-छाँटने-सँवारने और अंतिम परिणति तक पहुँचाने में उन्होंने पूरे दस बरस लगा दिये?

फिर वे इन दिनों इस क़दर हड़बड़ी में क्यों हैं? कभी-कभी तो उनकी बातें सुनकर मैं बुरी तरह चौंक पड़ता हूँ। लगता है जैसे इधर उनके अन्तर्जीवन का एक नया ही चैप्टर खुल गया है जिसे मैंने पढ़ा ही नहीं था। मैं उनका मात्र अनुवादक नहीं, क्रियेटिव भाष्यकार हूँ—ऐसा वे कहते रहे हैं; जबकि मुझे लगता है, खुद कवि न होते हुए भी उन्होंने मेरे कवित्व को जैसा, और जिस तरह का पोषण दिया है, अपने अनजाने ही, वैसा और कहीं से मुझे नहीं मिल सकता था।

संवेदनशीलता बड़ी जानलेवा चीज़ है। 'एस्सेट' जिसे कहते हैं, वह नहीं; बल्कि *लायबिलिटी* है। 'ऋणानुबन्धीनि मनुष्यलोके'—गीता जो कहती है, उसका अर्थ क्या है, यह कोई सनातन से पूछे। मैं सनत्कुमार, जो, सनातन का किसी ज़माने में सहपाठी तो नहीं, थोड़ा जूनियर, मगर—इसी नगरी का निवासी, स्थानीय कालेज में संस्कृत का ही प्रोफेसर हूँ—मैं यह दावा तो क़तई नहीं करता कि सनातन कोई संस्कृतज्ञ विद्वान् हैं। वे तो वनस्पतिशास्त्र और पर्यावरण-विज्ञान वाले ठहरे; संस्कृत उन्होंने उस तरह पढ़ी ही कब? फिर भी, आप उनसे यह नहीं कह सकते कि भाई साहब, जो अर्थ आप पढ़ रहे हैं गीता के इस श्लोक में, वह क्या वास्तव में उसमें है? बाद में भले ही आपको शंका घेरे, उस वक़्त आप उनसे अलग खड़े नहीं रह सकते। आपको लगेगा यह कृष्णार्जुन-संवाद कोई दस हज़ार वर्ष पहले नहीं, आज और अभी बिलकुल अभी आपके आमने-सामने घटित हो रहा है। उस धर्मक्षेत्र में, जो सनातन और सार्वभौम है। सनातन को लगता है कृष्ण अर्जुन को नहीं, स्वयं उन्हीं को संबोधित कर रहे हैं। कह रहे हैं—अरे सनातन! तेरे-मेरे बीच जैसी भी, जो भी रुकावट है 'भाषा वग़ैरह की, तू उसको चाहे जैसे हटा दे सकता है। जैसी भी, जो भी भाषा जीने-मरने की तुझे आती है, उसी भाषा में मुझसे बोल और उसी में मुझे सुन। नर की ऐसी कौन सी भाषा हो सकती है जिसे नारायण नहीं समझता? मैं सब समझता हूँ सनातन! मैं तेरी गुँगलाहट हूँ; मैं तेरे भीतर चलने वाला निरन्तर आत्मालाप हूँ। तू मुझे अपनी जुबान दे दे और मेरी जुबान तू बन जा। अगर ऐसा नहीं हो सकता तो फिर मैं भी नहीं, तू भी नहीं; सब कुछ एक महाश्मशान का सन्नाटा है सनातन! मैं तो चराचर सृष्टि का जीवन हूँ—तेरे भीतर का ज़िन्दा कुरुक्षेत्र हूँ। तेरी कौन-सी ऐसी समस्या या साँसत हो सकती है 'जो मेरी नहीं? तू पूछ मुझसे, जो भी तुझे पूछना है।

मैं तेरी प्रश्नाकुलता का भरपूर सत्कार करने को प्रस्तुत हूँ : हर वक़्त, हर घड़ी।

सनातन बताते हैं कि उनके लड़कपन के दिनों में—इसी नगर के उत्तरी छोर पर, जंगल के बीचोबीच बनी एक एकान्त कुटिया में कोई बंगाली साधु रहा करते थे जो यों तो कभी किसी से मिलते-जुलते नहीं थे, परन्तु पता नहीं क्यूँ और कैसे वे महीने में एक बार—कभी-कभी तो दो बार भी —उनके पिता के पास ज़रूर आते थे। वह गीता का ही कोई श्लोक था जिसे किसी के मुँह से उन्होंने पहली बार सुना था। सनातन नामक वह लड़का तो उस वक़्त अपनी हॉकी-स्टिक उठाकर खेलने को निकल रहा था जब वह श्लोक उसके कानों में पड़ा और वह जहाँ का तहाँ खड़ा रह गया—मंत्रमुग्ध, कीलित सा। समझ में तो क्या आता उसके ... पर उस आवाज़ ने, उन शब्दों ने—या, कह लीजिये— उनके 'नाद' ने उसे पकड़ लिया, अभिभूत कर दिया। और तभी... या किसी और दिन उन साधु महाराज की नज़र पड़ गई उस पर और उन्होंने उसे अपने पास बिठाकर एक श्लोक पढ़ने को कहा—उसके सिर पर हाथ फेरा और कहा—मैं जब भी आऊँ, तुम मुझे कम से कम पाँच श्लोक गीता के कंठस्थ करके सुनाओगे। ठीक है? लड़के ने मुदित होकर हामी भर दी। बस ... तभी से जो सिलसिला शुरू हुआ, वह तब तक जारी रहा, जब तक वे साधु महात्मा उस नगर से विदा ही नहीं हो गए।

मज़े की बात यह, कि उन्होंने सनातन से न तो कभी अर्थ पूछा, न बताया—उन रटे हुए श्लोकों का। वे तो बस इसी से प्रसन्न हो जाते थे कि लड़के को इस नए खेल में सचमुच बहुत रस आ रहा है; न केवल वह अच्छी तरह रट रहा है उन श्लोकों को—बल्कि बहुत ही साफ और शुद्ध उच्चारण के साथ बाबा को सुना भी रहा है बड़े उत्साह और उमंग से।

सनातन बताते हैं कि इस तरह एक-दो नहीं, पूरे सात अध्याय उन्होंने तभी कंठस्थ कर लिये थे। उसके बाद बरसों तक—कहना चाहिए, पूरे चालीस बरसों तक कभी गीता के पास फटकने तक की नौबत नहीं आई। मगर जब आई तो ऐसे आई कि मानों यह इतना बड़ा अंतराल कोई मानी ही नहीं रखता; वे वहीं से फिर शुरू कर रहे हैं जहाँ से छोड़ा था। और यह ऐसे ही होना था, इसी तरह होना था।

सनातन यह भी बताते हैं कि उक्त घटना के कोई चालीस वर्ष बाद

अचानक संयोगवश ही, उनके हाथ एक पुस्तक लगी जिसका नाम था—*बुद्धियोग ऑफ दि गीता एण्ड अदर एस्सेज़*। उसके यशस्वी लेखक का नाम था अनिर्वाण; और उस पर चित्र भी छपा था लेखक का, जिसे देखते ही सनातन अवाक् रह गये। अरे, यह तो वही महात्मा हैं मेरे बचपन के। एकदम वही!

वे सातों अध्याय गीता के आज भी सनातन के कंठ और जिह्वा पर ज्यों के त्यों विराजमान हैं। निस्सन्देह और भी कई सारे श्लोक अब उन्हें याद हैं—शेष अध्यायों के। किन्तु बेतरतीब, बेसिलसिलेवार। क्योंकि वे उस तरह उनके द्वारा तब रटे नहीं गए थे।

क्या वह रटन्त कुछ काम आई सनातन के जीवन में? कुछ बना उसका उनके जीवन में? क्यों, बारम्बार याद आता है उन्हें वह अध्याय अपने जीवन का—जैसे अभी कल की ही बात हो। वे कहते नहीं थकते कि यह कोई विचार नहीं, कल्पना नहीं, घटना है सचमुच की, जो उनके साथ घटी और तभी से उनकी जान को लग गई और अकारण नहीं लगी। कोई गूढ़ अर्थ और उद्देश्य होना चाहिए उस घटना का, जिसे 'खोजे बिना, पाए बिना उन्हें चैन नहीं मिल सकता।'

परन्तु...यही एक घटना क्यों? और भी तो कई सारी घटनाएँ होंगी जो उनकी—यानी, सनातन महाशय की—जान को लग गई थीं तभी से...जिनके कारण ही उन्हें यह असाध्य अति-संवेदनशीलता और अति स्वप्नशीलता का भी रोग लग गया। जिससे छुटकारा पाने को ही मानो, उनकी बुद्धि जाने-अनजाने तभी से किसी रक्षा-कवच की भी खोज में जुटी होगी—ऐसे रक्षा-कवच की, जो उस महारोग के साथ ही उन्हें ज़िन्दा रहने की सामर्थ्य जुटा सके और थोड़ा-बहुत औचित्य भी प्रदान करता रह सके उनके जीते चले जाने को—किसी—ऐसे अर्थ की तलाश में, जो निरन्तर संशय, निरन्तर प्रश्नाकुलता की ही खुराक पर पलता-पुसता रह सके।

ऐसा नहीं, कि इतने लम्बे साथ के दौरान कभी 'गीता' का ज़िक्र ही नहीं आया हो हमारे बीच। आया तो होगा, पर यूं ही इत्तफाकन। ख़ब्त तो यह उनका अभी पिछले पाँचेक बरसों के दौरान ही बना है। बल्कि उस बंगाली साधु का ज़िक्र भी उन्होंने मुझसे पहले कभी नहीं किया था। आखिर ऐसा क्या घटित हो गया उनके जीवन में अकस्मात्, जो यह गीता उनके सिर पर इस तरह सवार हो गई अचानक?

4

सनक से सनातन की दोस्ती बहुत पुरानी नहीं है। फिर भी कल उसके द्वारा संस्थापित जन-विज्ञान-परिषद् के सालाना जलसे में—जिसमें 'सत्यप्रकाश स्मृति-न्यास' का कार्यक्रम भी शामिल था—उसमें मुख्य अतिथि के रूप में व्याख्यान देते हुए उन्होंने सनक को अपना बालसखा, प्रेरणास्रोत और न जाने क्या-क्या घोषित कर डाला। दूसरे के चित्त को प्रसन्न कर दे, ऐसी अतिरंजना से उन्हें कभी परहेज नहीं रहा। एकदम झूठ भी नहीं कहा जा सकता उसे। सनक सनातन से तीनेक वर्ष सीनियर होंगे। लखनऊ विश्वविद्यालय में ही एम.ए. की पढ़ाई कर रहे थे, तब सनक (शौनक-दरअसल) हार्ड कोर कम्युनिस्ट हुआ करते थे। अब हालाँकि उनकी कट्टरता के पेंच काफी ढीले हो चुके हैं, किंतु *'वन्स अ मार्क्सिस्ट, ऑलवेज़ अ मार्क्सिस्ट'* सरीखी सूक्ति यों ही नहीं उपज आई। सनक के यहाँ सनातन का काफी उठना-बैठना है, इसी से जाहिर है कि सनक गुणग्राही आदमी हैं : सहृदय-मित्रानुरागी भी।

यह स्मृति-न्यास ज़रूरतमंद और योग्य छात्रों की मदद करने के प्रयोजन से सनक ने अपने एक स्वर्गीय मित्र की स्मृति में स्थापित किया है। सनक के व्यक्तित्व में रिसर्च स्कॉलर और 'एक्टिविस्ट' दोनों का अद्‌भुत मेल है। पुरातत्व का वह जाना-माना विशेषज्ञ है और इस क्षेत्र में अन्तरराष्ट्रीय ख्याति अर्जित कर चुका है। कहाँ, कब, किस खुदाई में किस भू-स्तर पर क्या-क्या सामग्री मिली और काल-निर्धारण उसका कैसे किया जाएगा—इस काम में वह सिद्धहस्त है। पिता इसी नगर में आर्यसमाज के संस्थापक रहे। पता नहीं, सनक अपने लड़कपन के दिनों में आर्यसमाज की गतिविधियों में दिलचस्पी लेता था कि नहीं, परन्तु सनातन तो उनमें बढ़-चढ़कर हिस्सा लेते ही रहे थे। अपने

हिंदी के अध्यापक अग्निहोत्री जी के कारण। कालान्तर में इस पंथ की तर्कशुष्कता उन्हें रास नहीं आई और वे उससे विरक्त हो गए—यह अलग बात है।

सालाना जलसे का कार्यक्रम तो बढ़िया जमा। उसके बाद सनक के घर बैठक जमनी थी, पर देर बहुत हो गई थी, इसलिए बैठक नहीं हुई। सनातन को घर पहुँचने की जल्दी थी। सनक का घर ही इस नगर में वह एकमात्र जगह है जहाँ सनातन निश्चिंत होकर मद्यपान कर सकते हैं। लत तो नहीं है उन्हें उस तरह मद्यपान की। किन्तु सनक की संगत में इससे कुछ ख़ास रंगत आ जाती है। वैसे भी अपने घर में तो यह मधुचर्या कदापि संभव नहीं। उनके घर के लोग तो सोच भी नहीं सकते कि इतने सात्त्विक आदमी का ऐसी चीज़ों से कुछ भी लेना-देना हो सकता है। सनक की दृष्टि में यह निरा पाखण्ड है। किन्तु वह तो सनातन के पर्वत-प्रवास को भी 'मैंटल रीग्रेशन' यानी अतीत का व्यामोह बताते हैं। मज़ेदार बात यह है कि अगर्चे खुद तो वे अपना बड़ौदा का सुख-सुविधा संपन्न घर और रुतबेदार बौद्धिक परिवेश छोड़कर यहाँ डटे हुए हैं अपनी 'नैचुरल कम्पनी' छोड़कर, तो बेशक सेंटीमेंटल कारणों से ही डटे होंगे। किंतु उनका यह कृत्य 'मेंटल रीग्रेशन' नहीं, बल्कि 'जड़ों की खोज' और 'लोक शिक्षण' है। वैसे भी अपनी इस भव्य पैतृक अट्टालिका के वे इकलौते वारिस ठहरे : उसमें अपना एन.जी.ओ. चलाकर वे सदुपयोग ही तो कर रहे हैं उसका। साथ ही नगर के कई निठल्ले नवयुवकों को भी उन्होंने काम पर लगा रखा है। उनकी ऊर्जा को बिखरने से बचाया है।

अगले दिन सनक ने सनातन को दोपहर के भोजन पर आमंत्रित कर रखा था। सनातन घर में दाखिल ही हुए थे कि सनक ने कहा—"भई, तुम्हारा तो डंका पिट रहा है पूरे शहर में। कई लोगों से तुम्हारी तारीफ़ सुनते-सुनते मेरे तो कान पक गए हैं सचमुच। सनत् को तो तुम जानते ही हो। कितना कंजूस है तारीफ़ करने में। मगर वह भी तुम्हारा गुणगान ही कर रहा था। तुम्हारा व्याख्यान तो हिट हो गया।"

"सनत को छोड़ो—तुम तो अपनी कहो"—सनातन बोले। "पछताए तो नहीं तुम कहीं, मुझे चीफ गेस्ट बनाके?"

"डर तो था मुझे। लेकिन तुम तो जानते ही हो, रिस्क उठाने की मेरी आदत को"— सनक ने कहा। "पर, तुम्हारी 'परफौर्मेंस' मेरी उम्मीद से कहीं

बेहतर निकली। तुमने बच्चों की सीखने की क्षमता को लेकर बड़ी दिलचस्प और विचारोत्तेजक बातें उठाईं थीं। खासकर 'इमैजिनेशन' की फैकल्टी को लेकर। कि *लॉजिकल थिंकिंग* से कम महत्त्वपूर्ण नहीं है वह।...मगर, तुमने जो अपनी मिसाल देते हुए यह दावा किया कि रामायण-महाभारत और पुराण कल्पना-शक्ति को प्रशिक्षित करने के लिए बहुत उपयोगी है, यह बात मुझे कुछ जमी नहीं। तुम्हारा उदाहरण सभी पर लागू हो, यह क्यों ज़रूरी है?''

सनातन घर में घुसते ही सनक के साथ बहस में उलझने के मूड में नहीं थे। मुस्करा दिये। ''हो सकता है, तुम्हारा कहना ही सही हो। चलो मैं अपना दावा वापस लेता हूँ। अब तो खुश?''

मगर सनक महाशय को टालना क्या इतना आसान है? वे अपनी बात पर अड़े रहे।...''यह तुम्हारा पुराना ख़ब्त है। *पैट ऑब्सेशन*। पिछले साल भी ...म्यूज़ियम में तुमने जो व्याख्यान दिया था, उसमें भी कुछ इसी तरह की बात कही थी तुमने। मेरी समझ में नहीं आता, सनातन, कि तुम साइंस के आदमी होकर भी 'कल्चर' की चर्चा में ये धर्म-वर्म की बातों को क्यों घसीट लाते हो? बहुत सारे लोग हैं—एक से एक थिंकर और क्रिएटिव लोग—जिनकी लाइफ में धर्म का कोई स्थान नहीं था। क्या इससे उनके विकास में, कोई फर्क़ पड़ा? क़तई नहीं, बल्कि, यह अच्छा ही हुआ; उनके हक़ में ही जाती है यह बात। तुम्हें तो पता ही है, मेरे पिताजी ने मुझे आर्यसमाजी बनाने के लिए क्या-क्या नहीं किया। मगर मुझ पर तो उनके प्रयासों का एकदम उलटा ही असर पड़ा।''

''उल्टा असर क्या असर नहीं होता?'' सनातन ने तुरन्त टोका।

''तुम बात को पटरी से मत उतारो।''—सनक चिढ़ गया। ''तुम्हारा यह तर्क मैंने माना कि 'कल्चर्ड' या 'ऐजुकेटेड' कहलाने के लिए 'रीज़न' के साथ-साथ 'इमैजिनेशन' को भी डेवलप करना ज़रूरी है। 'बाइ द वे', तुमने जो 'इमोशनल ऐजुकेशन' की बात उठाई, वह मुझे एकदम नई और मौलिक लगी। मैंने खुद कभी इस बारे में सोचा नहीं था। इसलिए मुझे सुखद अचरज हुआ और एक नई दिशा में काम करने की संभावनाएँ भी खुलतीं नज़र आईं। मेरा जो ऐतराज़ है एकमात्र, वह यह है कि तुम इस *इमोशनल ऐजुकेशन* के लिए पुराण-वुराण को क्यों बीच में घसीट जाते हो? *यू हैव टु टेक द मॉडर्न माइंड सीरियसली।''*

"यह तुम्हारा पूर्वग्रह है सनक; और कुछ नहीं"– सनातन ने कहा। "यूरोप या अमेरिका में ऐसी बेहूदा बात कोई नहीं करेगा कि बाइबिल पढ़ने से कल्पनाशक्ति का विकास नहीं होता। वहाँ सब मानते हैं कि बाइबिल 'लिटरेचर' भी है और समूचे यूरोप का साहित्य उसका ऋणी है। मगर हमारे इस अभागे देश में तुम्हारे जैसे पुराण-द्रोही क्या, वस्तुतः भारत-द्रोही लोग ही बुद्धिजीवी कहलाते हैं, जिन्होंने कभी भी अपने पौराणिक वाङ्मय को पढ़ना तो दूर, कभी खोलकर देखने की भी जहमत नहीं उठाई होगी कि उसमें आखिर है क्या? क्या बाइबिल पुराण नहीं है? तुम जिन्हें अपना मंत्रदाता-मसीहा बनाके सिर चढ़ा लो, उनका तो सब कुछ उत्कृष्ट और अनुकरणीय है; और तुम्हारे अपने पुरखों की जो ऐतिहासिक विरासत है, वह सब पिछड़ा है और कचरा है–क्यों?"

"देखा?"–सनक बोला–"ज़रा सी आलोचना भी तुम्हें बर्दाश्त नहीं होती। मैंने वह सब कुछ भी नहीं कहा जो तुम खामखाह मुझ पर थोपे दे रहे हो। मैंने तो सिर्फ इतना कहा था कि साहित्य संस्कृति और शिक्षा विशुद्ध सेक्युलर सरोकार की चीज़ें हैं और उन्हें उसी दायरे में रखकर विचार करना चाहिए। तुम अक्सर अपने लड़कपन के अनुभवों की दुहाई देते हुए सेंटीमेंटल हो जाते हो और मन्दिरों-मठों का बखान ऐसे करने लगते हो जैसे वे सचमुच ही सबसे ऊँचे शिक्षाकेंद्र रहे हों और जन-जागरण, जन-संस्कृति के भी। तब मुझे हैरत होती है, कि तुम कैसे अपनी निजी भावनाओं को हर वस्तुस्थिति, हर तर्क से ऊपर और परे मानकर चल सकते हो। चूँकि तुम अपने कट्टर सनातनी पिता के प्रभाव में..."

"बकवास बन्द करो"– सनातन झल्ला पड़े। "तुम मेरे पिता से कभी नहीं मिले। देखा तक नहीं होगा तुमने उन्हें कभी। जबकि मैं तुम्हारे पिताजी से लड़कपन के दिनों से ही परिचित था और उनका स्नेहभाजन भी रहा था। तब से, जब हम दोनों एक-दूसरे को जानते तक न होंगे। तब फिर तुम्हें क्या हक़ है इस तरह मेरे पिता के बारे में 'जजमेंटल' होने का?"

इस पर सनक थोड़ा खिसियाये। "सॉरी"–उनके मुँह से निकला। "...*आइ नैवर मैंट टु हर्ट योर फीलिंग्ज़*। वैसे, तुम्हें बताऊँ?...मुझे तो अपने पिता को भी उनके मुँह पर ही कट्टरपंथी कहने में कभी कोई हिचक नहीं हुई।"

“कैसे होती?”–सनातन को हँसी आ गई। “तुम तो उस वक्त खुद ही एक दूसरी कट्टरता में गिरफ़्तार हो चुके थे। ख़ैर, वह सब छोड़ो। बात *इमोशनल* और *सेंसुअस* एजुकेशन की हो रही थी और मैं अपने खुद के अनुभव के आधार पर बता रहा था–तुम्हारे द्वारा पुरस्कृत उन किशोर-किशोरियों को, कि मैं इसे अपना सौभाग्य समझता हूँ कि मुझे अपने लड़कपन में ही रामायण-महाभारत पढ़ने को मिल गए और साथ ही साथ, बढ़िया कथावाचकों के मुख से पुराण भी सुनने को मिल गए क्योंकि तब तक हमारे समाज में कथावाचन की बेहद प्रभावशाली ‘ओरल ट्रेडिशन’ ज़िन्दा थी और बड़ा ही सशक्त माध्यम हुआ करती थी वह लोक-शिक्षण की।”

“लोक शिक्षण?”–सनक व्यंग्य से हँसते हुए बोला–“लोक शिक्षण की कभी कोई ज़रूरत भी समझी, कभी परवाह भी की उसकी तुम्हारे शासक-वर्ग और ब्राह्मण वर्ग ने? अमर्त्य सेन ने क्या कहा है उसके बारे में –ज़रा पढ़कर तो देखो। वे तो कम्युनिस्ट नहीं हैं। तुम साले धर्म-प्रचार को लोक शिक्षण कहते हो?”

“धर्मप्रचार नहीं, धर्म-शिक्षा”–सनातन ने बीच में ही टोका–“जिसमें लौकिक और पारमार्थिक के बीच, सेक्युलर और रिलीजियस–स्पिरिचुअल के बीच वैसा विभाजन क़तई नहीं था जैसा तुम्हारे मतवादी-साम्राज्यवादी मजहबों में रहा है। समझे? मुझे माफ करना सनक, धर्म की तुम्हारी समझ अपनी बुनियाद में ही खोटी है।...पहले तुम अपनी समझ को तो दुरुस्त करो।”

“क्यों नहीं, क्यों नहीं?...मेरी समझ को दुरुस्त करने की चिंता तुम्हें नहीं होगी तो और किसको होगी? मगर, यह तो बताओ कि तब फिर तुम्हारी समझ को कौन दुरुस्त करेगा? वो तो ठहरी सनातन समझ। इतिहास से परे, मनुष्य लोक से परे,...यहाँ तक, कि खुद कामनसेंस से भी परे।”

“हाँ, हाँ, समझ का ठेका तो तुम्हीं लोगों ने ले रखा है ना!”

“तुम नाहक़ गरम हो रहे हो। ज़रा ठंडे दिमाग से सोचोगे तो पता चलेगा। समझ का ठेका मैंने नहीं, तुम्हीं ने ले रखा है एकमुश्त। ऐसा नहीं होता तो तुम इस तरह से बेबात उत्तेजित नहीं होते। पता नहीं, इधर तुम्हें हो क्या गया है। पहले तो तुम ऐसे नहीं थे। अभी पिछले साल से ही तुममें यह चेंज देख रहा हूँ। हर बात में धर्म को घुसेड़ देते हो–मानो धर्मनिरपेक्ष कुछ हो ही नहीं जीवन में...”

"अच्छा तो चलो, तुम्हीं बता दो—धर्मनिरपेक्ष क्या-क्या है जीवन में—तुम्हारे हिसाब से?"

"बहुत कुछ। कहना चाहिए, सभी कुछ। धर्म तो ज़्यादा से ज़्यादा एक पहलू भर है जीवन का—वह भी ऊपर से लादा हुआ। आरोपित। एक रूढ़ि, जो थोप दी गई विशेषाधिकार-प्राप्त वर्गों द्वारा जनता पर। अपने न्यस्त स्वार्थों की पूर्ति के लिए, लोगों की स्वतंत्र जिज्ञासा को, और स्वतंत्र बुद्धि को कुंठित करने के लिए, ताकि वे आँखें मूँदकर स्वीकार कर लें उनकी अन्यायी व्यवस्था को। कभी उस पर कोई सवाल खड़े करने की सूझे ही नहीं उनको।..."

"यह हुई कुछ क़ायदे की बात"—सनातन बोल पड़े बीच में ही। "बड़ी खुशी हुई यह जानकर, सनक, कि तुम भी मनुष्य की स्वतंत्र जिज्ञासा को इतना महत्त्व देते हो और उसे इतना बड़ा मूल्य मानते हो। यह भी तुम मान ही लोगे कि मानवी तर्क-शक्ति की सर्वोच्च अभिव्यक्ति फिलॉसफ़ी है। *फिलॉसफ़ी बिगिन्स इन वंडर*—उक्ति प्रसिद्ध ही है। किंतु इस 'वंडर', इस विस्मयभाव का सम्बन्ध जिस बुद्धि से है, उसके विकास की क्या केवल एक ही दिशा होती है? क्या तर्क-बुद्धि के साथ साथ श्रद्धा-बुद्धि भी आदमी की हस्ती का ही एक आयाम नहीं हो सकता?...और, सनक! यह भी तो देखो—मनुष्य जिस तरह 'सामाजिक प्राणी' और 'सोचने वाला प्राणी' है, उसी तरह क्या वह एक श्रद्धाजीवी प्राणी यानी 'वरशिपिंग एनिमल' भी नहीं है? 'अपने से बड़े कुछ' की प्रतीति, और उसके सम्मुख नतमस्तक होने की प्रवृत्ति भी क्या मानव के मानवत्व का ही अनिवार्य अंग नहीं है? अगर है, तो उसकी अभिव्यक्ति भी कुछ अर्थ रखती है कि नहीं? तुम कैसे उसे निरर्थक मानकर चल सकते हो?"

सनक थोड़ी देर तक तो अपने मित्र को चुपचाप घूरता रहा, फिर मुस्कराने लगा। "अच्छा तो, सामने से घुसने का रास्ता बंद पाकर अब तुम पीछे से मेरे किले में सेंध लगाना चाहते हो। तुम्हारी चालाकी मैं ख़ूब समझता हूँ।"

"कैसी चालाकी?"—सनातन ने उसकी हँसी में योग देते हुए कहा—"...और यह किला तुम्हारा कब से हो गया? सचमुच टकराने की नौबत आए, इसके पहले ही किलेबन्दी कर ली तुमने, तो हमारे बीच किसी सार्थक संवाद की संभावना तो पहले ही निरस्त हो गई। अरे भई, हम दोनों माना—बहुत अलग-अलग दृष्टिकोण रखते हैं पर यह दृष्टिकोण ही तो सब कुछ नहीं होता।

सारी बातों की मूल बात क्या है? 'होना'—शुद्ध 'बींग'। तो सारे ज्ञान-विज्ञानों के मूल में भी क्या होगा, क्या होना चाहिए बोलो—यदि इस 'होने' का ही विज्ञान नहीं, तो? 'साइंस आव बींग' जिसे कहना होगा। वह क्या है? तुम पहले अपनी विचारधारा के किले से तो बाहर निकलो—'बींग' के अर्थात् होने के खुलेपन में—जहाँ हमारी अवस्थिति है। 'मैं हूँ', इसलिए, मैं सोचता हूँ। 'मैं सोचता हूँ', इसलिए मैं हूँ—यह तो उल्टी बात हुई ना?"

'मगर देकार्त ..."

"देकार्त को गोली मारो। मैं तुमसे बात कर रहा हूँ। और वह 'साइंस आव बींग'—तुम्हें मानना पड़ेगा कि तुम्हारे किसी भी साइंस से ज़्यादा गहरी और प्रामाणिक विद्या है। हमारे यहाँ जिसे 'विद्या' कहा गया है, जिसके सामने शंकराचार्य ने सारे अन्य शास्त्रों को—यहाँ तक कि वेदों तक को 'अविद्या' की कोटि में डाल दिया था—उस 'विद्या' से हमारे ज्ञानियों का आशय इसी 'साइंस ऑफ बींग' से होगा। भले ही उन्होंने उसे इस तरह नामांकित करने की ज़रूरत नहीं समझी!"

सनक अचानक हँस पड़ा। "तुम्हारा 'साइंस ऑव बींग' तो तुम्हीं जानो। यह अजूबा तो मैं पहली बार सुन रहा हूँ। तुम तो वनस्पति शास्त्र के, बल्कि पर्यावरण शास्त्र के आदमी ठहरे। अच्छा-अच्छा, चलो मैंने मान लिया कि पर्यावरण विज्ञान भी साइंस है, और तुम भी साइंटिस्ट हो, विशेषज्ञ हो। मगर किस चीज़ के? जंगल की सभ्यता के, न कि सभ्यता के जंगल के। क्यों? मानते हो न यह बात? तभी न 'वरशिपिंग एनिमल' का इतना तूमार खड़ा कर रहे थे?"

अब हँसने की बारी सनातन महाशय की थी। ..."कभी-कभी यार सनक, तुम ग़ज़ब की समझदारी का परिचय दे डालते हो। काश, कि ऐसा अक्सर होता! खैर, 'जंगल की सभ्यता' तुमने ख़ूब कहा। मानते हो ना, कि सभ्यता के जंगल को समझने के लिए और समझकर उससे निपटने के लिए थोड़ी जंगल की सभ्यता का अनुभव और ज्ञान भी अनिवार्य है?"

सनक एक पल तो घूरता रहा सनातन को। "क्या मतलब?"—मुँह खोला ही था उसने, कि इतने में बड़ी ज़ोर से सीढ़ियाँ बजने लगीं और सनत्कुमार बैठक में नमूदार हुए।

5

"ओहो! तो आप भी हैं? *व्हॉट अ प्लैजेंट सरप्राइज़!...* अरे, मैं तो पहले आपके ही पास आने की सोच रहा था। परन्तु इन्हीं भाई साहब ने मुझे टोक दिया, यह कहकर, कि आप इन दिनों कोई बहुत ही ज़रूरी किताब– अपने जीवन की किताब, जैसा कि इन्होंने मुझे बताया––लिखने में रात-दिन मशगूल हैं और किसी से मिलना-जुलना पसंद नहीं करते। वह भी सुबह-सुबह।"

"क्यों भई सनक! यह मैं क्या सुन रहा हूँ?" सनातन ने नक़ली नाराज़गी दिखाते हुए कहा–"ले-देकर इक्के-दुक्के ही लोग तो हैं यहाँ मेरा साथ देने को। और तुम उनको भी मेरे ख़िलाफ़ भड़काने में लगे हो। आखिर मैंने क्या बिगाड़ा है तुम्हारा, जो..."

सनक महाशय इस पर पहले तो थोड़ा हतप्रभ नज़र आए, फिर अकड़ के बोले–"क्या ग़लत कहा मैंने? ठीक ही तो कहा। तुम्हीं ने तो बताया था मुझे, कि सुबह के वक्त तुम किसी से मिलना-जुलना पसंद नहीं करते क्योंकि वह तुम्हारा लिखने-पढ़ने का और 'मैडिटेशन' करने का वक़्त होता है। थोड़ी-बहुत सामाजिकता निभानी हो तो वह तुम शाम को ही निभा सकते हो।"

बात झूठी तो नहीं थी। सिर्फ सनातन ने अपने मुँह से नहीं कही थी। फिर भी कुछ तो अपने बचाव में कहना ही पड़ेगा। सो उन्होंने सनत को ही पकड़ा।

"देख ही रहे हो सनत, खुद अपनी आँखों से–कि सामाजिकता कौन निभा रहा है और वह भी सुबह-सुबह। इस क़दर असामाजिक तत्त्वों के साथ।"

इस पर सनत को जैसे हठात् कुछ याद आ गया हो, इस तरह हड़बड़ाकर

बोल पड़ा—"अरे हाँ, अभी सीढ़ियाँ चढ़ते हुए एक बड़ा ही मज़ेदार जुमला पड़ा था मेरे कान में—क्या? 'जंगल की सभ्यता और सभ्यता का जंगल'। भई वाह! क्या डिस्कशन चल रहा था आप दोनों के बीच? सॉरी—मैंने खामखा विघ्न डाल दिया आपकी बातचीत में।"

"अरे नहीं!"—सनक बोला—"तुम क्या अपने-आप आए हो? मैंने तुम्हें न्यौता दिया है इसलिये आए हो। तुम भी तो तारीफ़ कर रहे थे इनके लेक्चर की। मैं तो इनसे यही कह रहा था कि इनका वो 'इमोशनल-सेंसुअल ऐजुकेशन' वाला मुद्दा बहुत दिलचस्प और विचारोत्तेजक था। बस इतना ही, कि उसमें पुराण-उराण को बीच में ले आना क़तई ज़रूरी नहीं था।"

"क्यों भाई साहब, क्यों?"—सनत्कुमार के माथे पर बल पड़ गए। "पुराणों से आपको क्यों इतनी एलर्जी है? वैसे भी—जहाँ तक मुझे स्मरण है—इन्होंने रामायण-महाभारत की बात की थी। पुराणों का ज़िक्र तो यूँ ही, बाद में आया। यह बताने के लिए, कि आज जो टी.वी. वगैरह सब जगह छा गए हैं और पारम्परिक लोकरंजन और लोकशिक्षण के तरीकों को बेदखल करके, वे हमें पूरी तरह यांत्रिक, और निष्क्रिय बनाए दे रहे हैं; जबकि पुराणों को, कथावाचकों को सुनते हुए हम 'पैसिव' नहीं रह सकते थे—हमारी कल्पनाशक्ति पूरी तरह 'ऐक्टिव' रहती थी।"

"आई डोण्ट एग्री।"—सनक ने हस्तक्षेप किया। "क़ई सारे चैनल हैं जो उकसाते हैं आपकी 'इमैजिनेशन' को और 'क्यूरियोसिटी' को भी। जैसे 'डिस्कवरी' चैनल है, जैसे 'कॉस्मॉस' था अभी हाल तक। कितना ज़बर्दस्त माध्यम है टी.वी. लोकशिक्षण का! मगर यदि आप उपयोग करना ही नहीं चाहते तो इसमें क़सूर किसका है?"

"भाईसाहब! क्या आपको ऐसा नहीं लगता कि आज के टेक्नोलॉजिकल समय में ठीक वही चीज़ें एकदम पृष्ठभूमि में चली गई हैं जो अभी तक अग्रभूमि में थीं और मनुष्य को उसकी समग्रता में समृद्ध करने वाली थीं—मात्र उसकी कुतूहली वृत्ति को या सूचना बटोरने की लत को नहीं। टेकनोलॉजी के फायदे तो जगजाहिर हैं; उन्हें तो हर कोई गिना सकता है। मगर किस क़दर यांत्रिक बना दिया है मनुष्य को इसने, यह भी तो देखिये। सुना, जिसने इसे पैदा किया उस पश्चिम में तो ऊब चुके हैं लोग बुरी तरह इससे और पारंपरिक तौर-तरीकों की ओर फिर से लौट रहे हैं। सुना सर्जनात्मक साहित्य की खपत

भी वहाँ दूनी-चौगुनी बढ़ रही है। हमारे यहाँ यह अभी नया-नया नशा है। पर क्या सचमुच हमारी हालत इतनी खराब है?"

"यह तो तुम ही हमसे बेहतर जानते हो। साहित्य तो तुम्हारा अपना क्षेत्र है। तुम्हारी कविताएँ अगर पढ़ी नहीं जातीं तो इतनी जल्दी इतनी शोहरत कैसे मिल जाती तुम्हें?"

"मेरी बात छोड़ दीजिये भाई साहब। मुट्ठी भर लोगों के लिखने-पढ़ने से कोई संस्कृति नहीं पनपती। हज़ारों बरस तक जो साहित्य हमारे समूचे जीवन के केंद्र में रहा—वह आज कहाँ है? सस्ती सनसनी और तिकड़मी राजनीति ने उसकी सारी जगह हथिया ली है। लेखकों की तादाद ज़रूर बढ़ी है, किताबें भी धड़ल्ले से छप रही हैं। मगर मुझे नहीं लगता इससे सचमुच पढ़ने की संस्कृति विकसित हो रही है। ये जो अंधाधुंध पत्रिकाएँ और अखबार छप रहे हैं ये रद्दी का साम्राज्य ही तो बढ़ा रहे हैं। खुद लेखक राजनीति से ग्रस्त हैं और वैसे ही अल्पजीवी, फ़ौरी साहित्य का भी ढेर लगा रहे हैं। शब्द उगलने की मशीन बने जा रहे हैं।"

सनक जैसे इसी मौके की तलाश में था। बीच में ही बोल पड़ा।

"तुम लोग राजनीति के नाम से ही क्यों इस क़दर बिदकते हो? तुम जिन लेखकों को कोस रहे हो वे बिलकुल सही कह रहे हैं : वे वक्त की नब्ज़ पकड़ रहे हैं; वक्त के साथ चल रहे हैं। इसलिए वक्त भी उनके साथ है, तुम्हारे साथ नहीं। तुम्हारे जैसे लोग तो एक किनारे फेंक दिये जाएँगे। अरे, आखिर कोई ठोस वजह होगी कि राजनीति आज हमारे जीवन के केन्द्र में है। उस वजह को क्यों नहीं समझना चाहते तुम लोग? करोड़ों की संख्या में लोग जाने किस ज़माने से ज़िन्दगी की मामूली से मामूली न्यामतों से भी वंचित चले आ रहे हैं। अब जाके उनमें थोड़ी चेतना जगी है—अपने जीने के अधिकार के लिए संघर्ष करने की, तो तुम मुट्ठी भर सुविधाभोगियों की नींद हराम होने लगी है। हज़ार साल की गुलामी के बाद अब जाकर अपना देश खुलकर साँस ले पा रहा है : पहली बार जनता को अपने शासक चुनने की, अपने जन-प्रतिनिधियों को चुनने की आज़ादी मिली है, लोकतंत्र धीरे-धीरे ही सही, अपनी जड़ें जमा रहा है। तुम्हीं बताओ इन करोड़ों गूँगों-बहरों की दबी-कुचली आकांक्षाओं को पूरी करने के लिए राजनीति के सिवा और उपाय क्या है? तुम कब तक इन्हें तुम्हारे अपने धार्मिक कर्मकांडों से, या साहित्य

से बहलाओगे? तो...अगर आज का आगे-देखू साहित्य इस निन्यानवे फीसदी मानव-समुदाय की हालत को बदलने वाली राजनीति का साथ दे रहा है तो तुम लोगों का इस तरह रोआ-पीटी मचाना क्या जताता है? यही ना, कि तुम वक़्त के साथ नहीं चल पा रहे हो, पिछड़ गए हो और इसीलिए बेतरह खीझे हुए हो। यह तो वही बात हुई कि खिसियानी बिल्ली खंभा नोचे।''

''ऐसा बिलकुल नहीं है।''सनातन बोले। ''सवाल मूल्यों का है, जीवन के गुणाधारों का है, मात्रा-ज्ञान का है। राजनीति अपनी जगह ज़रूरी है। पर मैं भी तो अपने लिए ज़रूरी हूँ। संस्कृति के स्वास्थ्य की चिंता हमीं नहीं करेंगे तो यहाँ और कौन करने वाला है?''

''करते रहो''—सनक बोले। ''तुम्हें फुरसत ही फुरसत है। मगर जिनको दो जून की सूखी रोटी भी नहीं जुटती हाड़-तोड़ मेहनत के बावजूद, जिनके सर पर छत भी नहीं है, उनकी चिंता आखिर कौन करेगा?''

''वही।'' सनत्कुमार बीच में टपक पड़े। ''वही, जिसने दो-टूक कहा है कि 'संस्कृति का नाम सुनते ही, मेरा हाथ अपनी बन्दूक के घोड़े पर चला जाता है।''

''ठीक कहा उसने। उस वक़्त की नज़ाकत उसके मुँह से वही कहलवा सकती थी। तुम लोगों के लिए देश और काल तो कोई मानी रखते नहीं। सनातन काल में जीने वाले ठहरे तुम। तब फिर तुमसे क्या बात की जाए? क्रांति किसे कहते हैं—क्रांतिकारी होने का अर्थ क्या है, यह बैठे-ठाले लोगों का काम नहीं है। यू आर अ कावर्ड।''

कुछ मिनट चुप्पी छाई रही। फिर सनातन की आवाज़ सुनाई पड़ी। ऐसे, जैसे कोई अपने आप से बोल रहा हो।

''सनक, तुम्हें याद है, तुमने एक दिन मुझे चकित करते हुए कहा था—हमारे यहाँ 'पुरुषार्थ' शब्द जो है, वह वैल्यू के लिए मूल्य से कहीं ज़्यादा उपयुक्त शब्द है। मैं तुमसे कहना चाहता हूँ कि स्वाधीनता से बड़ा मूल्य या पुरुषार्थ और क्या हो सकता है मनुष्य के लिए? मोक्ष को उसी स्वाधीनता की ही अंतिम तार्किक परिणति की तरह तुम क्यों नहीं देखते? हाँ, अगर तुम्हारे लिए स्वाधीनता का मूल्य ही संदिग्ध हो, निरर्थक हो—जैसा कि तुम्हारी आइडियोलॉजी में है, तब दूसरी बात है। मगर तुम तो स्वयं उससे बहुत आगे निकल चुके हो। तब फिर तुम कैसे इस सचाई से इनकार कर सकते हो कि

सभ्यता के आदिकाल से ही सभी समाजों में इन उच्चतर जीवन-मूल्यों या पुरुषार्थों की—जिन्हें हमारे यहाँ धर्म और मोक्ष के अन्तर्गत रखा गया है—हमेशा एक जगह रही है और आगे भी रहेगी।''

सनक के कान खड़े हो गए। ''रही है, यह ठीक है। पर आगे भी रहेगी इसी तरह, यह तुम कैसे पहले से तय मानकर चल सकते हो? क्या यह उचित और वांछनीय भी नहीं—, कि मनुष्य जाति की प्रगति ही धर्म और मोक्ष की अवधारणाओं को अनावश्यक और अप्रासंगिक बना दे? किसी हद तक क्या ऐसा हो भी नहीं चुका है? आखिर धर्म और विज्ञान की लम्बी लड़ाई में जीत किसकी हुई? विज्ञान की ही न?''

इस पर सनत्कुमार मुस्कराने लगे। ''माफ़ करिये भाई साहब, आज का चोटी का वैज्ञानिक भी विज्ञान को लेकर इतने ऊँचे सुर में नहीं बोलेगा। उन्नीसवीं सदी का विज्ञान अवश्य ऐसी खुशफ़हमी पाले हुए था कि मानव-नियति का सूत्रधार वही है। मगर आज का विज्ञान ज़्यादा नम्र है। वह अपनी सीमाएँ पहचानता है। धर्म के क्षेत्र में भी, जो सर्वाधिक प्रबुद्ध हैं, वे एक अभूतपूर्व मोहभंग की स्थिति में पा रहे हैं स्वयं को—अपने डॉग्माज़ को लेकर। पर इससे यह कहाँ साबित होता है कि धर्म की ज़रूरत ही ख़त्म हो चुकी है। जो पिटा है विज्ञान से, वह धर्म नहीं, मज़हबी मतवाद है, डॉग्मा है। उसका तो निश्चय ही अब कोई भविष्य नहीं है। जो धर्म मनुष्य के आंतरिक स्वातंत्र्य की ही क़द्र नहीं करता, उसे अमान्य करके ही खुद को मनवाता है, वह आरंभदूषित है और उसका लोप अवश्यंभावी है। आपको भी भाई साहब, खुश ही होना चाहिए इस बात से, कि—अब तो धर्म भी वही टिकाऊ होगा जो प्रयोग-सिद्ध होगा—खुद मनुष्य के अपने साक्षात् अनुभव से सत्यापनीय।''

कुछ पल बैठक में सन्नाटा छाया रहा। सनातन भी विस्मय से अवाक् हो रहे। सनत्कुमार को वे नहीं जानते हों, ऐसी बात तो नहीं है—दोनों साहित्य के रसिक हैं : वह 'प्रोफेशनल', और सनातन 'अमेच्योर'। पर आज अभी जो सनत्कुमार के मुख से सुना, उसके लिए तो सनातन कहीं से भी प्रस्तुत नहीं थे। उन्हें लगा, बात तो उनके ही मन की है; किंतु वे शायद उसे इतनी दो-टूक स्पष्टता से रख नहीं सकते थे। लगता है, अपने लिए सनक के मुँह से 'कावर्ड' सुनके ही सनत्कुमार की वाग्देवी जाग पड़ी और भरपूर बदला ले लिया उसने सनक से।

"माफ करियेगा।"—सनत ने मानो अपने ही भावाविष्ट स्वर पर झेंपते हुए कहा—"आप दोनों के बीच बहुत ही गंभीर किस्म का संवाद चल रहा था। मैं खामखाह बीच में कूद पड़ा। आयम सॉरी।"

"नहीं, नहीं! तुम बिलकुल सही मौके पर, बिलकुल ज़रूरी हस्तक्षेप करने को प्रगट हुए हो सनत!" सनातन बोले। "तुमने बिलकुल सही फरमाया, मैं सौ फीसदी सहमत हूँ तुमसे। कि, जिस तरह जीवन के और तमाम क्षेत्रों में आदमी के सोचने का ढंग बदला है, उसी तरह धर्म या अध्यात्म के क्षेत्र में भी। माना, संगठित धर्मों की भी एक ज़रूरी और ऐतिहासिक भूमिका थी; पर अब वह आज की तारीख में पूरी तरह खत्म हो चुकी है। अब मानव-चेतना की जो सबसे गहरी अभीप्सा है उसे न तो ये धर्मतंत्र पूरी कर सकते हैं, न राजनीति। उसे अब वही धर्मदर्शन, वही आध्यात्मिकता संतुष्ट कर सकती है जो न इतिहास से बँधी है, न मतवाद से। और ऐसा धर्म..."

"और ऐसा धर्म"—सनक ने सनातन को बीच में ही टोक दिया—"ऐसा धर्म तुम्हारा सनातन धर्म ही हो सकता है—यही न तुम कहना चाहते हो?"

इस पर सनातन कुछ कहते न कहते, उसके पहले ही सनत्कुमार बीच में टपक पड़े।

"आप तो व्यंग्य पर उतर आए भाई साहब। सच्चाई मगर यही है कि सच्चा धर्म तो सनातन ही होता है। *पेरेनियल फिलॉसफी*—जिसे हक्सले ने कहा है—वही। भला आपको इसमें क्या आपत्ति है?"

सनक इस पर उठ खड़ा हुआ मारे उत्तेजना के। "कुतर्क मत करो सनत! यहाँ धर्म की बात हो रही है, फिलॉसफी की नहीं। सनातन धर्म क्या होता है, यह अब तुम मुझे सिखाओगे—क्यों? सनातन धर्म क्या है, यह उसका शर्मनाक इतिहास खुद ही बता रहा है। तुम्हारा यह सड़ा-गला समाज जिसका जीता-जागता नमूना है। तुम क्या स्वामी दयानन्द से भी बड़ी तोप हो गए जो मैं सनातन धर्म के बारे में उनके सुविचारित निष्कर्षों को भूलकर तुम्हारी 'विशफुल थिंकिंग' को सच मान लूँ? तुमने 'सत्यार्थप्रकाश' पढ़ा है?"

इस पर सनातन को इतनी ज़ोर की हँसी आई कि रुकने का नाम ही न ले।

"तुम...तुम दयानन्द को अथॉरिटी मानते हो, यह तो मुझे पहली बार आज ही पता चला। पता है, 'सत्यार्थप्रकाश' मुझे पढ़वाने का श्रेय किसको

है? तुम्हारे पिताश्री को। डिबेट में फर्स्ट आया था, नवीं कक्षा का छात्र था तब—पुरस्कार के रूप में मिली थी यह किताब मुझे खुद तुम्हारे पिताजी के हाथों से। देखो सनक, जिस सनातन धर्म की बात हो रही है यहाँ, वह अगर 'पेरेनियल फिलॉसफी' नहीं है, तो कुछ भी नहीं है। अक्षरशः अनुवाद है यह 'पेरेनियल फिलॉसफी' सनातन धर्म का—समझे? तुम अगर सीरियस हो तो मैं तुम्हें चुनौती देता हूँ—चलो वेदों पर, सिर्फ ऋग्वेद पर बहस हो जाए। तुम्हारे पास तो वही एक दयानंद वाला भाष्य होगा—हो सकता है, वह भी न हो। मेरे पास कुछ और भी है...कहो तो कल ही लेकर आ जाऊँ..."

"हाँ कह दीजिये भाई साहब, मज़ा आएगा।"—सनत्कुमार भी ताव खा गए।...यूँ भी वेद तो उस तरह मूलतः धर्मग्रंथ भी नहीं, काव्य है। देवस्य पश्य काव्यं न ममार न जीर्यते[1] "—स्वयं ऋग्वेद कह रहा है। आपको काव्य से तो उस तरह कोई परहेज़ नहीं न है?"

"अरे सनक को यह चारा मत डालो सनत",—मैंने कहा। "ये तो उसे भी काँटे समेत निगल जाएँगे और तुम देखते रह जाओगे। इन्हें तुम इस तरह नहीं पकड़ सकते। उल्टे, यह तो उससे भी अपने ही पूर्वग्रहों की पीठ ठोंकने का निमित्त ढूँढ लेंगे और कहेंगे—'ओहो! तो तुम्हारा यह तथाकथित वैदिक धर्म *पेरेनियल फिलॉसफी* तक नहीं है; सिर्फ़ शेरो-शायरी है। तो जब वह धर्म ही नहीं तो जो बाक़ायदा संगठित धर्म हैं दुनिया में—जिनकी अपनी चाक-चौबन्द आइडियोलॉजी और थियोलॉजी है, उनकी बात करो। कविता तो अपने आप में एक इल्यूज़न है। छाया की भी छाया—जैसा कि अफलातून ने कहा है।"

"तुम मेरे भोंपू बनने की कोशिश मत करो।"—सनक बोला। "अपनी बात मैं खुद अपने मुँह से कह सकता हूँ।"

"सॉरी"—सनातन ने कहा। "चलो, कहो।"

"बात वैसे ग़लत भी नहीं तुम्हारी"—सनक ने कहा। "यह ऐतराज़ तो उठाया ही जा सकता है। पोएट्री कोई आर्ग्युमेंट तो नहीं ही है।"

"यह तो कोई बात नहीं हुई"—सनत्कुमार बोले। "काव्य की अपनी प्रज्ञा, अपनी विज्डम होती है, जो थियोलॉजी के तर्कजाल से कहीं ज़्यादा 'कन्विंसिंग' हो सकती है, होती ही है। काव्य साक्षात् अनुभूति पर आधारित

1. यह विश्व उस देवता का काव्य है—ऐसा काव्य जो कभी झुराता है न मरता है

होता है और योग भी। दोनों के मेल से जो धर्म उपजता है, वह निश्चय ही सर्वाधिक प्रामाणिक और विश्वसनीय ठहरेगा। मनुष्य की गरिमा के सर्वथा अनुकूल भी।''

इस पर सनक ने दोनों हाथों से अपना माथा पीट लिया।

''तुम लोगों से बहस करना फिज़ूल है। तुम *एसेन्सियलिस्टों* और *एलीटिस्टों* से।''

''भाई साहब''–सनत्कुमार बोले–''आपने हमें जो उपाधियाँ बख़्शीं, वे हमारे पल्ले नहीं पड़ीं। हिन्दी कर सकेंगे उनकी?''

''ये क्या करेंगे? मैं करता हूँ।'' सनातन ने कहा। ''एसेन्सियलिस्ट का मतलब 'सारवादी' और एलीटिस्ट यानी 'अभिजात्यवादी' या 'अभिजनवादी'।''

''अच्छा तो, हम अगर सारवादी हैं भाई साब, तो आप क्या हुए? विस्तारवादी?''–सनत्कुमार ने व्यंग्य किया।

सनातन के भीतर अचानक बिजली सी कौंधी। ''सार और विस्तार के बीच उस तरह कोई विरोध नहीं है। शंकराचार्य का 'मनीषा पंचकम्' भी तो यही न कहता है? 'चिन्मात्र विस्तारितं'...।

सनक इस पर चौंका। ''मनीषा पंचकम्? यह क्या है? मैंने तो कभी नाम तक नहीं सुना। शंकराचार्य का जो 'ऑथेंटिक कैनन' है उसमें यह शामिल है क्या? मेरे ख्याल से तो नहीं ही है। तुम साले जाने कहाँ कहाँ से 'फेक' चीज़ें बटोर लाते हो ओर उन्हें ऐसे पेश करते हो, जैसे वे 'वेद' ही हों।''

''चलो, तुमने वेद को कुछ तो महत्त्व दिया। मैं तो समझता था, तुम्हारे लिए वेद भी 'फेक' ही होगा। 'ऑथेन्टिक कैनन' शंकर का क्या-क्या है, तुम्हीं बता दो।''

''यह मुझसे क्यों पूछ रहे हो? तुम्हें इत्ता भी पता नहीं है तो सनत के किसी स्टूडेंट से ही पूछ लो।''

''भाई साब।''– सनत बोला। ''सुन तो लीजिए। क्या हर्ज है? हाँ सनातनजी, हो जाय 'मनीषा पंचकम्'।''

सनातन को हँसी आ गई। ''भई, इस वक़्त श्रीमान् शौनक श्रीवास्तव हमारे अन्नदाता हैं और हम इनके मेहमान हैं। इन्हें नाराज़ या बोर करना हम एफोर्ड नहीं कर सकते। फिर किसी वक्त...''

"फिर किसी वक़्त तो कभी होता नहीं। चलिए, मैं ही यह पाप अपने सिर पर लेता हूँ।" सनत खिलखिला पड़ा।

अब सनक से नहीं रहा गया। "तुम पहले ही हमें खासा लम्बा लेक्चर पिला चुके हो। अब चुप भी करो और उठो। खाना लग चुका है।

तीनों मित्र डाइनिंग हॉल की ओर बढ़े। थालियाँ लग चुकी थीं। सनातन ने एक नज़र थालियों पर डाली और कहा—"सनक, जहाँ तक खाने-पीने का प्रश्न है, तुम तो सर्वहारा के पास तक नहीं फटके होगे। यह अन्नब्रह्म साक्षी हैं—इतना 'एलीटिस्ट' खाना तो हम किसी जनम में अफोर्ड नहीं कर सकते। सनक, कहीं ऐसा तो नहीं कि हमारी भाभीजी ही तुम्हारे सर्वहारा टेस्ट पर हावी हो गई हों और अपना एलीटिज़्म चला रही हों। या कि सचमुच तुम ही इस संदिग्ध श्रेय के एकछत्र अधिकारी हो? अब बोलो—अधिकार-भेद मानते हो कि नहीं?"

सनक कुछ नहीं बोले। सिर्फ अपनी श्रीमतीजी की ओर देखकर मुस्करा भर दिये।

6

भीतर ही भीतर एक खड्ड खुल गया है—एक अतलान्त गह्वर—जिसमें झाँकना ही मानो, उसमें गुम हो जाना है। ...वहाँ किसी प्रकार की कोई शरणस्थली नहीं।...लाइलाज़ व्याधियाँ, लाइलाज़ दलिद्दर...एक के बाद एक जन्मों और मृत्युओं का अटूट सिलसिला...। घर, जो स्वर्ग और नरक का पुराण नहीं, प्रत्यक्ष है। घर, जो पलक मारते पूजाघर और लीलाधाम से सीधे पागलखाने में परिणत हो सकता है। जहाँ अथाह प्रेम है और उतनी ही अथाह घृणा।...जहाँ अथाह कोमलता है और उतनी ही असीम क्रूरता। दोनों की पराकाष्ठाओं के बीच झूलता और झुलाता हुआ यह घर...जो एक ज़िन्दा रामायण और ज़िन्दा महाभारत बारी-बारी से—नहीं!...एक साथ, रचता रहता है। उसकी कच्ची-अधबनी नस-नाड़ियों...और अस्थि-मज्जा में।

~

मौत के जबड़ों से तुम्हें छीन और छुड़ा लाने वाली ... खुद ज़िंदगी और मौत के बीच तनी हुई रस्सी पर अनवरत अविश्वसनीय ऊर्जा और उत्साह के साथ झूलते हुए एक भरे-पूरे परिवार की नैया खे ले जाने वाली तुम्हारी...जन्मदात्री तुम्हारे लिए अक्षरशः कल्पवृक्ष कैसे और क्यों कर बनी?

~

जीवन की द्यूतक्रीड़ा में अपना हर दाँव हार जाने को अभिशप्त, एक शाश्वत शिशु की भाँति लापरवाह और ग़ैरज़िम्मेदार...घोर दारिद्र्य और अवमानना के बीचोबीच अपनी धूनी रमाए वह गृहस्थ जोगी; आशा-निराशा के बीच के फ़र्क को ही मटियामेट कर देने वाला वह असाध्य अकुण्ठ आशावादी; जिसकी अमानुषिक सहनशीलता ही मानो अपनी पराकाष्ठा पर पहुँचकर साल में सिर्फ

एक-दो बार बीच बाजार में, अचानक विस्फोट कर देती...। मानो, अंततः उसके भी अन्य मानवों की ही तरह एक नितान्त सामान्य मानवजीव होने का पक्का, पूरा और असंदिग्ध प्रमाण प्रस्तुत करती हुई ...

क्यों—वही क्यों तुम्हारे लिए पिता का पर्याय बनकर प्रकट हुआ?...जो हर उस जगह अनुपस्थित था जहाँ सभी के पिता होते हैं?

क्यों उसी की परछाई तुम्हें फिर से अपने ऊपर मंडराती प्रतीत हो रही है—आज इतने वर्षों बाद, एक समूची अर्द्धशती के अन्तराल के आर-पार?... जिससे अपना पिंड छुड़ाने को...दूर-दूर-दूर छिटक जाने को तुमने अपनी इतनी जान झोंकी।

~

वह देवताथान, जहाँ से हर दिन उगता, ... वह देवताथान जहाँ पर हर दिन डूबता, ... वह ज़िन्दा देवी भागवत, जिसकी परिक्रमा अपनी माँ के साथ हर चैत्र, हर कार्तिक की नवरात्रियों की हर सुबह...; हर रोज़ एक नए मंदिर में एक नई माँ का साक्षात्कार। कभी दुर्गा, कभी कालिका, कभी त्रिपुरसुंदरी, कभी बानड़ीदेवी, कभी कासारदेवी, कभी स्याहीदेवी, कभी पातालदेवी ...

और...बैतालेश्वर, विश्वनाथ, जागेश्वर, बागेश्वर, दूनागिरि, मुक्तेश्वर...हर शिखर, हर घाटी को जगमगाता वह आश्चर्यलोक!!! ... और इन सबमें इन्हीं के साथ, इन्हीं के चारों ओर खिला हुआ सदा जीवन्त, सदाबहार वह दूसरा आश्चर्यलोक ऋषि-मुनियों का...?

व्यास-वाल्मीकि-वैशंपायन-शौनक-सूतजी-सनत्कुमार-नारद-गरुड़-कागभुशुण्डि, अगस्त्य...वशिष्ठ और विश्वामित्र?...

मकर संक्रान्ति से आरंभ होकर बूढ़ी दीवाली—देवशयनी एकादशी— तक अनवरत अविराम घूमते संवत्सर का वह ऋतुचक्र।...महाशिवरात्रि, होली, रामनवमी, नन्दादेवी, जन्माष्टमी, विजयादशमी, महालक्ष्मी, दीपावली...।

दक्ष प्रजापति का यज्ञ। स्वयंभू ब्रह्म के भी मूल कारण महादेव की अवहेलना से विक्षुब्ध दाक्षायणी सती का आत्मदाह। ... और सती का शव कन्धों पर लादे तीनों लोकों और चौदहों भुवनों में विक्षिप्त चक्कर काटते शंकर महादेव!

~

और...फीनिक्स की तरह अपनी ही राख से पुनर्जन्म लेती पार्वती हिमालय

के घर...तपस्यारत।...अपने भोलेनाथ को महाश्मशान से उठाकर सीधे कैलाश पर्वत पर ला बिठाने।

''बाबू! देवासुर-संग्राम में क्यों असुर ही जीतते बारम्बार?
क्यों वरदानी शक्तियाँ भी उन्हीं पर होतीं मेहरबान?''

''देवासुर और कहीं नहीं भाऊ, हमारे ही भीतर हैं;
वरदानी शक्तियाँ भी मुक्त नहीं माया से;
माया अपरम्पार है–
व्यापती है देखो ब्रह्मा, विष्णु और महेश तक को।''

''बाबू! माया क्या होती है?''

''कहा ना, माया अपरम्पार होती है। पार नहीं पा सकता उसका कोई।''

''भगवान् भी नहीं?''

''भगवान् तो मायापति हैं। सब उन्हीं की तो माया है।''

''फिर भी। बताओ ना, माया क्या होती है?''

''अरे भाऊ! तू जो पूछ रहा है, वही तो नारद ने भी विष्णु भगवान् से पूछा था। याद नहीं तुझे वो कहानी? सुनाई तो थी तुझको?''

''हाँ याद है। मगर वह भी कोई जवाब हुआ? वह तो सज़ा हो गई। माया क्या है–यह सवाल पूछना ही क्या इतना बड़ा अपराध हो गया?''

''अपराध तो नहीं हुआ। मगर ऐसे सवाल का जवाब भला और क्या होगा? कुछ सवाल ऐसे होते हैं जिनका जवाब शब्दों में नहीं दिया जा सकता। सवाल भले शब्दों में हों, जवाब उनका कर्मों से, यानी साक्षात् भोग भुगतने से ही मिलेगा–जैसे कि नारद को मिला।''

''कहाँ मिला? मिलता, तो क्या वे 'थैंक यू गॉड' नहीं कहते? क्यों शाप देते भगवान् को?''

''शाप? शाप-वाप तो कुछ नहीं दिया था। बस चुप कर दिया था भगवान् ने उनको। आगे फिर कभी नहीं पूछा ऐसा सवाल नारद ने भगवान् से। है ना? जवाब तो मिल ही गया था उन्हें–पक्का और पूरा जवाब।–इसीलिए तो फिर कभी नहीं पूछा। तुझे कुछ भ्रम हो गया लगता है। अरे हाँ रे, तू ठीक कह रहा है। शाप तो दिया था ज़रूर नारदजी ने भी एक बार विष्णु भगवान् को। मगर उसकी कहानी यह नहीं है भाऊ। कोई और है। वही बंदर

जैसा मुँह बना दिया था ना उनका भगवान् ने,...उसी का बदला लिया था नारद ने। याद है?"

"हाँ। मगर बाबू! भगवान् तो त्रिलोकीनाथ हुए ना? सब कुछ उन्हीं का तो बनाया है। तो फिर नारदजी को भी तो उन्हीं ने बनाया होगा। तब फिर उनकी ऐसी हिम्मत हो कैसे गई—भगवान् को ही—अपने पिताजी को ही शाप देने की?"

"भाऊ। भगवान् के साथ नारद जी का जैसा रिश्ता है, वैसा किसी और के साथ नहीं। जैसा अर्जुन के साथ कृष्ण भगवान् का था ना, वैसा ही। जैसे नारदजी भगवान् के बिना एक पल नहीं रह सकते , वैसे ही भगवान् का मन भी नारद के बिना नहीं लगता। अंतरंग सखा जो ठहरे भगवान् विष्णु के।"

"सखा-वखा तो ठीक है बाबू। मगर भगवान् तो भगवान् ही हुए। उन्हें किसी का साथ ही क्यों चाहिए? और...फिर लक्ष्मीजी तो साथ ही रहने वाली ठहरीं उनके।"...

"लक्ष्मी जी तो हर घर में होती हैं भाऊ। उनके अलावा भी कोई दोस्त अलग से आदमी को चाहिए कि नहीं चाहिए?"

"वैसे ही, जैसे केदार भइया के पिताजी आपके दोस्त हैं?"

"हाँ, बिलकुल वैसे ही।"

"मगर बाबू तुम्हारी बात और है। तुम भगवान्जी हो क्या। भगवान् तो भगवान् ही ठहरे। वो कैसे भगवान् हुए जो अकेले भी नहीं रह सकते? फिर फ़र्क ही क्या रह गया आदमी और भगवान् में?"

"ले। तू भी यार भाऊ! कभी-कभी तो हद कर देता है। फर्क क्यों चाहिए तुझे? बता। अरे, नर को नारायण चाहिए तो नारायण का काम भी तो नर के बिना नहीं चलता। अकेले ही रहना होता उन्हें, तो सृष्टि करने की क्या ज़रूरत थी? ज़रूरत पड़ी, इसीलिए तो इतना ताम-झाम खड़ा किया। अकेले तो आदमी का ही नहीं, नारायण का भी मन नहीं लगता भाऊ। नारायण का अकेलापन और कौन समझ सकता है और कौन उसे दूर कर सकता है नर के सिवा? बता। और नर भी कोई ऐसा-वैसा नहीं, नारद जैसा चाहिए उनको। अर्जुन जैसा चाहिए। है कि नहीं? इतनी बड़ी सृष्टि को भगवान् अकेले कैसे सम्हालेंगे? कुछ तो मदद उनकी नर को भी करनी पड़ेगी कि नहीं?

मनुष्य-देह क्या किसी को यूँ ही मिल जाती है? 'बड़े भाग मानुस-तन पावा'... कहा है कि नहीं? क्या मतलब हुआ इसका? अरे मानुष-तन पावा तो क्यों पावा? फोकट में कभी कुछ मिलता है यहाँ, बता? ये इतने सारे ऋषि-मुनि, इतने अवतार और जोगी-जती किसलिए प्रगट होते हैं? क्यों प्रगट होते हैं? यदि भगवान् का ही काम करने को नहीं, तो? भगवान् का ही हाथ बँटाने को नहीं, तो?''

~

''बाबू, तुम और माँ मुझे 'भाऊ' क्यों कहते हो? और तो कोई नहीं कहता। सभी मेरा नाम लेके बुलाते हैं। 'भाऊ' का मतलब क्या होता है?''

''ओहो! यह भी कोई पूछने की बात हुई? अच्छा नहीं लगता क्या तुझे?''

''अच्छा लगने की बात नहीं। मैं तो पूछ रहा हूँ कि 'भाऊ' कोई नाम तो नहीं ही होगा। होता तो अलग से नाम रखने की क्या ज़रूरत थी? पर... नाम नहीं भी हुआ, तो शब्द तो हुआ ही। शब्द हुआ तो कोई अर्थ भी उसका होगा ही। वह क्या है?''

''अरे यार भाऊ! यह तो मुझे भी कभी नहीं सूझा। कभी सोचा ही नहीं इसके बारे में, तो क्या बताऊँ? तेरे दादा-दादी जिस तरह मुझको 'भाऊ' कहके बुलाते थे, वैसे ही अब मैं और तेरी महतारी भी तुझे भाऊ कहते हैं। सुन, जब तू पूछ ही रहा है तो मुझे जो सूझ रहा है वो तुझे बताता हूँ। 'भाऊ' बना होगा 'भाव' से। वैसे महन्तजी से पूछूँगा।''

''महन्तजी क्या बताएँगे? उनके तो खुद ही कोई भाऊ-वाऊ नहीं।''

''फालतू बात मत कर। भाऊ का अर्थ जानने के लिए अपना भाऊ भी होना क्यों ज़रूरी है?''

''क्यों? जैसे तुम कह रहे थे कि नहीं, कि माया का अर्थ जानने के लिए खुद माया में पड़ना ज़रूरी है। वैसे ही।''

''हे भगवान्! कहाँ की बात कहाँ घुसा देता है। माया यहाँ कहाँ से आ गई? मैं 'भाव' बता रहा था तुझे। भाऊ का अर्थ पूछ रहा था ना तू?''

''भाव तो बाबू, आटे-दाल का होता है...''

''अरे वो भाव नहीं रे! जैसे अच्छे-बुरे भाव उठते हैं कि नहीं उठते मन में? सात्विक भाव, राजसी भाव, तामसी भाव..., वही। जैसे 'भव' माने होना।

भवसागर बना है जिससे। वैसे ही 'भव' से ही 'भाव' बना होगा और 'भाव' से 'भाऊ'।"

"यह कैसे बाबू? भाव तो मन में आता है। दिखाई तो नहीं देता। मैं तो सच्ची-मुच्ची हूँ। सबको दिखाई देता हूँ। मैं 'भाव' कैसे हो गया?"

"कैसे नहीं हुआ? जो भाव भीतर है, वही तो बाहर भी प्रगट होता है। एक तू ही नहीं, जो कुछ भी दिखता है, हमारे मन में, हमारे अनुभव में आता है, वह सब भाव ही तो है। जिसके लिए जैसा भाव होगा तुम्हारे मन में, वह तुम्हें वैसा ही दिखेगा। अच्छा, चल। अब बहुत हो गया।"

~

"इन माइ बिगिनिङ् इज़ माइ एण्ड"...

7

आसमान नीला और किलकारियों से भरा हुआ...। रात भर वर्षा से धुली पहाड़ियाँ आईने की तरह झलमलातीं...जगर-मगर। जहाँ, जिस टेकरी पर वे दोनों बैठे हुए नीचे स्याहीदेवी की तलहटी से हवालबाग तक पसरी हुई कोसी की बाँक को निहार रहे हैं, वह इस पूरे रास्ते का इकलौता देवदारुओं का झुरमुट है। ऐसा कैसे हो सकता है कि सनातन ने इस झुरमुट का पहली बार आविष्कार किया हो आज ही!...सैंकड़ों-हज़ारों बार गुज़रे होंगे वे इस रास्ते...। फिर क्यों नहीं आज से पहले उन्हें इस टेकरी पर चढ़ने...और वहाँ से दृश्य कैसा दिखाई देता है, यह जानने का कुतूहल हुआ?

यह स्थान बस्ती से कोई तीन किलोमीटर दूर कासारदेवी और नगर के ठीक बीचोंबीच है। पपरसली से थोड़ा आगे।...चढ़ाई यहाँ खत्म होती है और आगे सड़क लगभग समतल सपाट है कासार पर्वत की जड़ तक, जहाँ से फिर ऊपर कोई आधा किलोमीटर चढ़ना होता है—मंदिर तक पहुँचने के लिए।

"भाई साब, एक कविता सुनेंगे मेरी? यहीं पर लिखी थी कोई दसेक साल पहले मैंने।"

"ज़रूर, ज़रूर।"—सनातन बोले। "मगर 'यहीं पर' का क्या मतलब? तुम क्या यहाँ कविता लिखने आते हो?"

सनत्कुमार हँसने लगे? "मैं नहीं, मेरी कविता आती है कभी-कभी मुझसे यहाँ मिलने। आपकी तरह रोज़ तो नहीं, पर हफ़्ते में दो-एक बार तो मैं भी सुबह या शाम की सैर के लिए इधर का रुख करता था। कई बार ऐसा भी हुआ कि मैंने आपको यहीं बैठे-बैठे नीचे से ऊपर को आते देखा और फिर कासार की परिक्रमा करके लौटते हुए भी...।"

सनातन चकराए। ''ऐसा कैसे?...मुझे तो याद नहीं, तुम्हें कभी इस रास्ते पर देखे की। और फिर तुमने मुझे तभी आवाज़ क्यों नहीं दी?...क्या तुम यहीं तक आते थे? आगे नहीं जाते थे।''

''जाता था कभी-कभी''—सनत्कुमार बोले। ''आगे दाँयी तरफ भी एक पहाड़ी है—जहाँ से पूरब का लैंडस्केप पूरा उसी तरह खुलता है जिस तरह इस टेकरी से पच्छिम का। दोनों मेरी बहुत पसन्दीदा जगहें हैं। कभी-कभी मंदिर तक भी हो आता था। पर बहुत कम। आप तो इधर-उधर बिलकुल देखते ही न थे। एकदम नाक की सीध में चलते चले जाते थे। कहीं रुकते ही न थे—रुकते भी होंगे तो वहीं ऊपर कासार की चोटी पर। फिर मुझे पता था कि आपको अकेले ही घूमना पसंद है, किसी और के साथ आपको देखा नहीं कभी भी। तो...काहे को खामखा आपको डिस्टर्ब किया जाये? यही सोचकर मैंने कभी आपको जताया तक नहीं कि मुझे भी यह उत्तर दिशा उतनी ही लुभाती है जितनी आपको। हालाँकि मेरी आदत रही है—रोज़ सड़क बदलने की। मगर...अजीब संयोग है कि कविता मुझे जब भी मिली है—इसी दिशा में मिली है। या तो इसी टेकरी पर...या फिर उस पूरबवाली पर...।''

''कमाल है''—सनातन बोले। ''चलो पहले वह कविता तो सुनाओ, जो सुनाने जा रहे थे। तुम्हारी सोहबत में मुझे भी अब थोड़ा-थोड़ा कविता का नशा चढ़ने लगा है। पहले बिलकुल पल्ले नहीं पड़ती थी मेरे।''

''लीजिये...याद आ गई। दरअसल मुझे अपनी कविताएँ बिलकुल याद नहीं रहतीं। दूसरों की तो सैकड़ों कविताएँ याद हैं। पर अपनी लिखी हुई एक भी याद नहीं आती। यह कविता भी इसीलिए याद आई कि उस दिन भी बिलकुल यही दृश्य था—ऐसी ही सुबह और ऐसा ही आसमान, ऐसा ही सबकुछ...''

मूसलाधार बारिश में
रात भर धुला हुआ नगर

पोंछा लगाकर चमका रही है धूप
पेड़ों के तने, मकानों की छतें
चट्टानों के नक़्श...

खिड़की पर बैठा मैं
एक योजन दूर से
देखता हूँ चीड़ों का
रोमहर्ष ...
जहाँ
नीचे तक झुक आया नीला आसमान
बलढौटी को
बाँहों में भर रहा है।

"बहुत खूब!"--सनातन बोले। "मगर 'टेकरी' की जगह 'खिड़की' क्यों? और बलढौटी का जंगल यहाँ कहाँ से आ गया? वह तो पीछे है, अदृश्य। यहाँ तो सामने सिटौली का जंगल है।"

"आप भी भाई साब!....इतने 'लिटरल' क्यों हो जाते हैं? कविता जो भी पढ़ेगा–उसे वही तो दीखेगा जो कवि दिखा रहा है। यानी यहाँ बैठकर लिखी जो कविता दिखा रही है। इसका मतलब यह थोड़े ही है कि जो यहाँ से दिख रहा है वही हूबहू कविता में भी आएगा। आखिर मैं कविता लिख रहा हूँ–कोई फोटू थोड़े खींच रहा हूँ।"

"ठीक है, ठीक है"–सनातन थोड़ा झेंपते हुए बोले। "वह तो मैंने यूँ ही पूछ लिया। कवि नहीं हूँ तुम्हारी तरह, मगर इत्ता तो मैं भी समझता हूँ। तुम्हारी बदौलत ही सही। तुम बुरा तो नहीं मान गए?"

"नहीं, नहीं, इसमें बुरा मानने की क्या बात है?"–सनत्कुमार बोले। "ऐसे सवालों का भी एक अपना मजा है। अब देखिए, मूल अनुभव जो था, वह तो घर की खिड़की से देखे गए दृश्य का ही था–इसलिए बलढौटी आई। मगर उस अनुभूति को जो शब्द मिले, वह कई दिनों बाद वैसी ही कुछ तरंग उठने पर मिले और...संयोग की बात, कि उस वक्त मैं यहाँ इस टेकरी पर बैठा हुआ था। और...मौसम भी कुछ ऐसा ही था–बारिश के बाद का।..."

"तुमने कितना अच्छा दिन चुना कासारदेवी के लिए।!"–सनातन बीच में ही बोल पड़े। आज कासार से हिमालय दिखेगा पूरा। बहुत दिनों बाद। नहीं?"

"कासार से ही क्यों, उस दूसरी पूरब वाली टेकरी से भी दिखेगा। चलिए,

चलते हैं। आप जैसे इस टेकरी पर कभी नहीं चढ़े, उसी तरह उस दूसरी टेकरी का भी आपने मज़ा नहीं लिया होगा कभी। चलिए।''

सनातन थोड़ा सकपकाए। ''सुनो सनत, वहाँ फिर कभी चलेंगे। आज सीधे कासार ही चलो। चढ़ाई अब मुझे बिलकुल 'सूट' नहीं करती।''

''क्या सूट नहीं करती! ... आप तो भाई साहब, खामखा नर्वस हो जाते हैं। अभी तीन किलोमीटर चढ़ लिए मज़े-मज़े में। न हाँफे, न रुके कहीं बीच में। कौन कहेगा आपको देखके, कि आपकी हालत इतनी खस्ता है जितनी आप जता रहे हैं।''

''चलो फिर–आज का दिन तुम्हारे नाम''–मोद-मगन सनातन बोले–''तुम तो लगता है, सचमुच अन्तर्यामी हो। कैसे तुमने भाँप लिया मेरी लालसा को?'' ''कल रात जब तुम्हारा फोन आया कि 'कासारदेवी जाने का इससे बढ़िया मौका नहीं मिलेगा–सुबह तड़के ही निकल चलते हैं'।–तो मुझे अपने कानों पर विश्वास ही नहीं हुआ। क्योंकि पहले तो तुमने आज तक कभी ऐसा प्रस्ताव नहीं किया।''

''कैसे करता?''–सनत्कुमार बोले। ''आप तो 'कुख्यात' हैं इसके लिए, कि सबेरे की सैर में आप किसी का साथ नहीं चाहते। कल जाने क्यों अचानक ही मेरे मन में आई यह बात; और आप देख ही रहे हैं–कितने मज़े-मज़े में हम आ गए यहाँ तक...।''

''इट्स सो काइंड ऑफ यू''–सनातन ने कहा। मगर मन ही मन। सनत से किसी तरह का उपचार बरतना उन्हें असहज लगता है। जबकि कृतज्ञता तो उनके रोम रोम से छलकी पड़ रही है। उन्होंने तुरंत बात बदल दी। ''प्रकृति-प्रेमी तो मैं भी तुमसे कम नहीं। भावनाएँ मेरे भीतर भी उसी तरह उमड़ती हैं। मगर मुझसे तो कविता लिखी नहीं जाती––ऐसा क्यों?''

''भाई साब''–सनत्कुमार बोले ''कविता भावनाओं या विचारों से नहीं, शब्दों से लिखी जाती है। आपके दिलोदिमाग की पहुँच निश्चय ही मुझसे कहीं ज़्यादा दूर तक होगी। मगर...बस इतना ही, कि शब्दों के साथ आपका रिश्ता ज़रा अलग किस्म का होगा। ठीक वैसा नहीं, जैसा कवियों का हुआ करता है।''

''मगर क्यों?''–सनातन ने टोका। ''क्यों नहीं है मेरा रिश्ता वैसा शब्दों से? तुमने मुझे इतनी सारी कविताएँ पढ़वाईं। इतना इंज्वाय करता हूँ मैं कविता को। फिर क्यों?''...वे एक क्षण ठिठके और फिर बोले–

"अच्छा चलो–ठीक है, मैं कवि नहीं हूँ–मैंने मान लिया। मगर क्या यही बात तुम कथाकारों के बारे में भी कहोगे? कहानी भी तो नहीं लिख पाता मैं।"

सनत्कुमार चुप रहे। उनकी समझ में नहीं आया–वे अपने इतने आदरणीय, इतने निकटतम बन्धु से क्या कहें, कैसे कहें जो निरा झूठ भी न हो और उन्हें अच्छा भी लगे।

"कहानी-वहानी छोड़िये। आप तो उपन्यास लिखिये। वह आपको ज़्यादा 'सूट' करेगा। उसमें हर तरह की गुंजाइश होती है। और उसकी रेंज भी बड़ी होती है। समूचे आपके पर्यावरण को समेट सके इतनी।"

"मगर कैसे?"–सनातन बोले। "तुमने पहले भी मुझसे ऐसा आग्रह किया है। पर मुझसे तो कुछ लिखा ही नहीं जाता। लिखने की कोशिश नहीं की–ऐसी बात भी नहीं। परंतु जो लिखा वह मुझे कभी जँचा नहीं। इसीलिए तुमको भी दिखाने की हिम्मत नहीं हुई। कैसे होती? जब अपने को ही अपने लिखे पर भरोसा नहीं, तो जो सचमुच लेखक है तुम्हारी तरह, उसे कैसे होगा?"

सहसा, सनत्कुमार चलते-चलते रुक गए–"सुनिए–टेकरी तो आ गई–वो रहा रास्ता। मगर...मेरी समझ से आज छोड़ ही दें इसे। सीधे मंदिर ही चले चलें। नहीं तो, लौटते में धूप तेज़ हो जाएगी और सारा मज़ा किरकिरा हो जाएगा। आप थके नहीं हैं, इसका मतलब यह तो नहीं, कि आपको ज़बर्दस्ती थका दिया जाय। अभी तो हमें पाँचों पर्वत चढ़ने हैं–और यहाँ भी दुबारा-तिबारा आना है। तो क्यों खामखाह अपनी ऊर्जा का अपव्यय किया जाये!"

सनातन का माथा तो वैसे ही चकराने लगा था– सामने पगडंडी की खड़ी चढ़ाई देखते ही। बड़ी राहत मिली उन्हें। बोले–"तुम ठीक कहते हो। मगर यह जो पंचचूली अभियान की बात तुमने छेड़ी–यह कार्यक्रम कब बना लिया तुमने? मुझे तो इसकी खबर ही नहीं।"

"आपके ही लिए तो सारा इंतज़ाम हो रहा है–आपसे पूछने की ज़रूरत ही क्या है?"–सनत्कुमार बोले।

"तुम सचमुच अन्तर्यामी हो सनत"–सनातन धीरे से बड़बड़ाए। "ऐसा लगता है अब मुझे अकेले घूमने का अपना सनातन नियम भी त्याग देना पड़ेगा। तुम्हारे जैसा साथी सुलभ हो तो फिर आदमी को इससे ज़्यादा और क्या चाहिए? और...यूँ भी, देखो, आज तुम साथ न होते तो मैं क्या इतनी दूर पैदल चल

सकता था? अब से हम साथ ही सुबह की सैर पर निकला करेंगे। सैर की सैर और सत्संग का सत्संग। दोनों हाथ लड्डू। क्यों?''

''मुझे मंजूर है।''—सनत्कुमार बोले। ''बस इतना ही कि हमारी पहले से कोई तय दिशा या मंजिल न हो। मैं तो बतरस का लोभी हूँ और बोलने में भी उर्जा खर्च होती ही है। खामखा अपने को थकाने से क्या लाभ! मज़े-मज़े में जितना चल सकते हैं चलें, और रास्ते में कोई शांत जगह ढूँढकर वहीं गोष्ठी भी जमा लें—क्यों?''

''मंजूर।''—सनातन इतनी जल्दी हथियार डाल देंगे, सनत्कुमार ने इसकी उम्मीद नहीं की थी। चलो आज तो इनकी लालसा पूरी कर दें—कासारदेवी हो ही आएँ।

''मगर कमाल है''—सनातन बोले। ''यह शरीर भी अजीब रहस्यमय वस्तु है। उस दिन तो लग रहा था अब गए काम से। एक मील चलने पर ही दम उखड़ गया था मेरा। और, आज... मुझे लग रहा है जैसे पुराने दिन फिर से सचमुच ही लौट आए हैं। ज़रा सी भी थकान नहीं लग रही है। तुम कह रहे थे लौटते में कोई बस-वस पकड़ लेंगे। कोई ज़रूरत नहीं सनत, हम पैदल ही लौटेंगे।''

सनत्कुमार को लगा कि सनातन महाशय कुछ ज़्यादा ही उत्साह में आ गए हैं। उसने गौर किया कि वे हाँफ रहे हैं, फिर भी अपनी चाल में बिलकुल ढील नहीं आने दे रहे हैं। उसने खुद अपनी चाल धीमी कर दी।...''भाई साब, आप थोड़ा धीरे चलिए, ऐसी भी क्या जल्दी है। आपकी बात दूसरी है—मुझे इतना चलने का अभ्यास नहीं। और फिर...आप ही तो कहते हैं—'अति सर्वत्र वर्जयेत्...।''

सनातन चलते-चलते हठात् रुक गए। ''मैंने ऐसा कब कहा?''

''क्यों? वह गीता का श्लोक क्या था जिसकी आपने इतनी लंबी व्याख्या पिलाई थी।''

''अरे, वो!''...सनातन एकदम चहक उठे। ''नात्यश्नतस्य योगोऽस्ति, न चैकान्तमनश्नतः' यानी यह योग न तो बहुत खाने वाले पेटू-चटोर लोगों के बस का है, न व्रत-उपवास करके शरीर को सुखा देने वालों के। युक्ताहार-विहार का मध्यम मार्ग ही उचित है।''

"वही। मुझे तो लगता है"—सनत्कुमार बोले—"पेटू-चटोर लोग तो अच्छे योगी क्या, अच्छे भोगी तक नहीं बन सकते। इसलिए, कि भोग भी आखिर क्या है?—रस ही न? और रस का आस्वाद वही कर सकता है जो भोग में लिथड़ता नहीं; यानी अलग से अपने 'भोगने' को देख और दिखा भी सकता है। आप अभी कविता की बात कर रहे थे ना। उसके पीछे भी यही बात है। वही अपने साक्षी और भोक्ता को अलग करके देखने वाली बात। कवि अपने भोक्तापन को त्यागे बिना उसका साक्षी बना रहता है—इसीलिए वह कवि है। अर्थात् भोक्ता के क्षेत्र में भी वह साक्षी की भूमिका निभा सकता है।"

"बोलते जाओ—सनत, तुम बहुत अच्छी बात कर रहे हो—मुझे बहुत मज़ा आ रहा है। किन्तु 'रस' जिसे तुम कह रहे हो, वह तो संस्कृति के क्षेत्र की बात है। गीता कहती है—'रस तो आदमी हफ्तों निराहार रहे, तब भी उसका पीछा नहीं छोड़ता।' तभी छोड़ता है जब वह परमात्मा का साक्षात्कार कर ले।"

इस पर सनत्कुमार को जोरों की हँसी आ गई। "मुझे ऐसा नीरस परमात्मा नहीं चाहिए। आपको चाहिए क्या?"

"पता नहीं"—सनातन को भी हँसी आ गई। "मुझे वास्तव में क्या चाहिए, यही तो मैं नहीं जानता। मैं क्या, शायद कोई भी नहीं जानता। खैर, छोड़ो। तुम 'रस' की बात कर रहे थे, वही करो।"

"हाँ, तो मैं कह रहा था कि जिसमें अपने रस-भोग को भी अलग करके देखने की क्षमता नहीं, वह कवि-कलाकार तो क्या, रसज्ञ पाठक तक नहीं बन सकता। यहाँ तक कि अच्छा रसोइया या पाक-कला का पारखी तक नहीं बन सकता। यह बिला वजह नहीं हो सकता कि हमारे यहाँ स्थूल से लगाकर सूक्ष्मातिसूक्ष्म बातें तक 'रस' और 'रसोई' की ही शब्दावली में कही गई। आपके श्रीकृष्ण भी तो 'रसेश्वर' करके ही बखाने गए हैं; भले वह गीता में कुछ भी कहते रहें।"

"तुम कहना क्या चाहते हो?"—सनातन से नहीं रहा गया। "क्या आत्मा भी रस ही है?"

"और नहीं तो क्या?"—सनत्कुमार अपनी बात पर अड़े रहे। "अकेले

काव्य की ही बात नहीं कर रहा हूँ मैं। हमारे सारे दर्शनशास्त्री भी आत्मा की बात इसी तरह करते हैं मानो वह भी कोई भौतिक पदार्थ ही हो—किन्तु किसी भी भौतिक पदार्थ की तुलना में अनंत गुणा सूक्ष्म और स्पन्दनशील...''।

''यह तो तुम्हारा अजीब तर्क है सनत''—सनातन ने टोका। ''जो तुम्हारे ही कथनानुसार अनंत गुणा सूक्ष्म और स्पन्दनशील है, उसे भौतिक पदार्थ कहना भी क्या अर्थ का अनर्थ ही नहीं है? धरती और आसमान जितना फ़र्क हो गया वह तो। आखिर धरती धरती है, आसमान आसमान है।''

''होगा—मगर इससे धरती का महत्त्व तो नहीं घट जाता। बढ़ता ही है उल्टे।''—सनत्कुमार बोले। ...''आप यह भी तो देखिए कि मात्र पेट भरना या प्राणरक्षा ही अगर सृष्टि का एकमात्र प्रयोजन होता तो इतना विपुल वैविध्य अन्न, शाक और फल-फूलों का सिरजा ही क्यों गया? इसी से साबित हो जाता है कि रस-भोग अपने आप में काम्य ही नहीं अनिवार्य और अर्थवान् भी है; आत्मा जिसे आप कहते हैं, उसके लिए भी। वैदिक आनंदवाद के पक्ष में एक दलील यह भी तो दी जा सकती है। आप ही बताइए—रूप-रस-गंध-स्वाद-स्पर्श इत्यादि का इतना समारोह क्यों जुटाया प्रकृति ने? कैसे, किस तर्क से इस सबको निरर्थक और मूल्यहीन करार दे सकते हैं आप? तथाकथित 'मुक्ति' की राह के रोड़ों की तरह?''

सनातन चौंक पड़े। उन्हें सनत्कुमार से ऐसी विचित्र युक्ति की अपेक्षा नहीं थी। बोले—''ऐसा है सनत, तुम आज खासी तरंग में हो। और, मुझे भी तुम्हारे साथ बहस में उलझ के अपना मज़ा किरकिरा नहीं करना। पर... बात साक्षी और भोक्ता भाव की हो रही थी—वहीं उसी पर लौटा जाय तो कैसा? मुझे तुम्हारी कविता भी चाहिए और तत्त्वज्ञान भी। समझे? यदि 'क्रियेटिविटी' की कीमत चुकाकर ही ज्ञान मिलता हो, तो वैसा ज्ञान मुझे भी नहीं चाहिए। तुम्हें याद है, एक दिन इस पर कितनी बहस हुई थी—सनक के यहाँ?''

''हाँ, याद है''—सनत्कुमार ने कहा। वे अब कासारदेवी की चोटी की ओर ले जानेवाली पगडंडी चढ़ रहे थे। इसलिए चाल दोनों की अपने आप सुस्त हो गई थी।

''थोड़ी देर सुस्ता लें यहाँ ऊपर उस टीले पर?''—सनत बोला।

सनातन फिर चौंके। इस बार और भी बुरी तरह। आज यह हो क्या

रहा है? वे नहीं थके और सनत्कुमार थक गया है। यह कैसा विपर्यय है?

"अरे भई, थोड़ा सा तो चलना है—चले चलो। वहीं ऊपर पहुँचकर ही सुस्ताएँगे।" उन्होंने कहा।

पर सनत ने हाथ ऊँचे कर दिये और लपक कर टीले पर जा चढ़ा। "आप चलिए—मैं आता हूँ थोड़ी देर में..."

लाचार सनातन भी सनत्कुमार का अनुसरण करते हुए टीले पर जा चढ़े।

"अरे वाह! क्या यह भी तुम्हारी ही एक और डिस्कवरी है?"

"भाई साहब!"—सनत्कुमार ने व्यंग्य किया। "अब समझ में आया आपकी, कि आपकी तरह एक निश्चित उद्देश्य और निश्चित गन्तव्य की दिशा में नाक की सीध में चलने वालों की तुलना में हमारे जैसे इधर-उधर बहकने-भटकने वाले कहीं ज़्यादा फायदे में रहते हैं?"

एक पल तो सनातन को लगा, सनत ने उन्हें चारों खाने चित कर दिया है। मगर दूसरे ही पल वे जोरों से हँस पड़े। "मान गया भई, मान गया। तुम्हीं फ़ायदे में रहे और हमीं घाटे में। अब तो खुश।"

"बिलकुल नहीं"—सनत बोला। "आप मेरे मित्र ही नहीं, गुरु भी तो हैं। गुरु को निरुत्तर होते देखना भला किस शिष्य को अच्छा लगेगा?"

"क्यों नहीं लगेगा? शिष्य को न सही, गुरु को तो अच्छा ही लगता है। साफ कहा गया है हमारे यहाँ कि 'शिष्यात् इच्छेत् पराजयम्—अर्थात्, सच्चा गुरु वह है जो शिष्य से हारकर ही सुख पाता है।"

"ऐसा?"—सनत्कुमार ने नक़ली आश्चर्य जताते हुए कहा; जबकि उन्हें यह बात खूब अच्छी तरह पता थी। "चलिए, वह बात गीता वाली जहाँ छूट गई थी, वहीं से आगे बढ़ें। युक्ताहारविहार तक तो ठीक है। मगर, आगे जो 'स्वप्नावबोधश्च' जोड़ा गया है, उसका क्या अर्थ है? यही ना, कि जैसे आहार और विहार उचित मात्रा में ही ठीक हैं, उसी तरह नींद और जागरण भी उचित मात्रा में ही होने चाहिए।"

सनातन इस नए दृश्य में ऐसे रमे हुए थे कि पहले तो उनकी समझ में ही नहीं आया कि उनका शिष्य कह क्या रहा है। पर दूसरे ही क्षण, वे चौकन्ने हो गए।

"नहीं सनत। अगर कृष्ण का आशय यही होता तो वे 'युक्त निद्रावबोधश्च' कहते। मगर वे 'युक्त स्वप्न' और युक्त जागृति की बात कर रहे हैं और...

याद करो कि इसके ठीक पहले वे 'नातिस्वप्नशीलस्य' भी साफ़ तौर पर कह चुके हैं। तो अगर कृष्ण जागृत अवस्था का विलोम सुषुप्ति को, यानी गाढ़ी नींद को नहीं, बल्कि स्वप्नावस्था को बता रहे हैं तो यूँ ही नहीं बता रहे हैं। वे साफ कह रहे हैं कि हे अर्जुन! यह बुद्धियोग न तो बहुत स्वप्न देखने वालों को—यानी, मनमानी फैण्टेसी बुनते रहने वालों को फलता है, न बिलकुल ही सपने न देखने वाले, लकीर के फकीर, मशीनी रूटीन में जीने वाले लोगों को। अर्थात् स्वप्नशील होना बुरा नहीं है; सिर्फ उसकी अति बुरी है। तो, स्वप्नशीलता से उनका आशय सचमुच की 'क्रियेटिव' कल्पना-शक्ति से होना चाहिए। है कि नहीं?"

"तब फिर अतिस्वप्नशीलता को उन्होंने बुरा क्यों बताया?"—सनत्कुमार ने टोका।

"अरे, तुम कवि होकर भी ऐसा सवाल क्यों पूछ रहे हो?"—सनातन ने पलटवार किया। "तुम तो खुद इस मर्ज के बिलकुल शिकार नहीं। अरे भई, इस दुनिया में किसी को भी कुछ भी फोकट में मिलता है क्या? जो भी सामर्थ्य तुम्हें मिलती है, उसके साथ एक ज़िम्मेदारी भी अनिवार्य रूप से जुड़ी हुई है। तो, एक कल्पना-शक्ति तो वह होती है जो ज़िम्मेदार और जागरूक होती है; और एक वह होती है जो शुरू से ही ग़ैरजिम्मेदार और उच्छृंखल होती है। तो...जैसे हर चीज़ की अति उल्टे परिणाम उपजाती है, उसी तरह कल्पनाशीलता का गुण भी अपने अतिरेक पर अवगुण बन जाता है।"

"मगर...दूसरी ओर वे हैं, जो स्वप्न देख ही नहीं सकते, सदा जगे रहते हैं। यानी, जो एक मशीनी रूटीन के गुलाम बन जाते हैं। तो यह दूसरी अति तो पहली से भी कहीं ज़्यादा भयानक है। पहली अति तो सिर्फ अपना नुकसान करती है; जबकि, यह दूसरी अति तो दूसरों का भी जीना हराम कर देती है। इसलिए, सही अवस्था क्या हुई? वही युक्तस्वप्न और युक्त अवबोध वाली। अर्थात् जाग्रत-चैतन्य तो रहो; परन्तु यह अहंकार भी मत पालो कि तुम्हारी जागृति ही जागृति है, औरों की जागृति तो महज़ मोहनिद्रा है जिसे अपने मनमाने ढंग से तोड़ने-मरोड़ने का लाइसेंस तुम्हें मिला हुआ है। सनत, तुम सोचकर देखो तो मानोगे कि इस पुण्यात्मा दर्प ने लोक का जितना अहित किया है, उतना और किसी चीज़ ने नहीं।"

बात गीता की हो रही थी। कहाँ से कहाँ पहुँच गई। सनत्कुमार का

ध्यान बहक रहा था। या, फिर वे थक और ऊब चुके थे—उनके मुँह से एक ऐसी बात निकल गई जिसने सनातन की दुखती रग छेड़ दी।

''कुछ भी हो, सनातनजी। गीता है तो धर्मग्रंथ ही। और इस तथ्य को आप भुला नहीं सकते; न उसको अपने मनमाने अर्थ में घुला सकते हैं। मुझे यह अजीब लगता है कि एक ओर तो आप 'फ्री-थिंकर' का रोल निभाने का आग्रह रखते हैं, और, दूसरी ओर आप बात बात में, गीता का हवाला टाँकने लगते हैं। सनतजी, मुझे माफ़ करें, यह कोई मामूली अन्तर्विरोध नहीं। मैंने माना—मैं तो हमेशा मानता रहा हूँ कि गीता की आपकी 'रीडिंग' कभी-कभी एकदम नई और विचारोत्तेजक भी होती है—पारंपरिक व्याख्याओं से एकदम अलग। फिर भी...इस तरह जगह-बेजगह उसकी दुहाई देना और उसे अपने-आप में ठोस प्रमाण की तरह पेश करना मुझे ठीक नहीं लगता।

इस पर सनातनजी एकदम उखड़ गए। बोले—''मैं कब कहता हूँ, तुम मेरे कहे को आँखें मूँदकर स्वीकार कर लो। तुम तो संस्कृत के प्रोफेसर हो, दर्शन भी पढ़े हो। मैं तो तुम्हारी तुलना में, एक 'ले-मैन' ही ठहरा। परंतु मुझे भी अपनी समझ से काम लेने का उतना ही हक़ है जितना तुम्हें। ऐसे ही तुम उस दिन मेरी 'क्रियेटिविटी' वाली बात को भी मेरा ख़ब्त बता रहे थे। क्रियेटिव तुम हो; उस तरह मैं नहीं—क्योंकि हमारे यहाँ तो कविता-कहानी लिख लेने को ही क्रियेटिविटी' माना जाता है। फिर भी तुम मुझसे बेमतलब उलझ गए थे। मैं तो कह रहा था कि 'क्रियेटिविटी' उतना ही बड़ा, उतना ही बुनियादी जीवन-मूल्य है, जितना स्वतंत्रता। दोनों को एक दूसरे से अलगाया नहीं जा सकता। तो मुझे अगर गीता इन मूल्यों के पक्ष में खड़ी दीखती है तो मैं अपनी समझ के मुताबिक ही न चलूँगा? मैं कोई भाष्यकार होने का दावा नहीं करता। मगर अपनी स्वतंत्र समझ का क्या करूँ? दरअसल, मेरी तो असली शिकायत ही यह है कि हम लाख बात कर लें स्वतंत्रता की, मगर उसका वास्तविक अर्थ और मूल्य हमने चुकाया ही नहीं, इसलिए कमाया भी नहीं। अन्यथा इतनी लम्बी और शर्मनाक गुलामी भुगतने का और कोई कारण मेरी समझ में नहीं आता। अगर तुम्हारी समझ में आता हो, तो बताओ।

सनत्कुमार इस पर निरुत्तर हो रहे। उन्हें डायरी लिखने की लत है। सोचते होंगे इस मामले को पहले डायरी में निपटा लें; तब फिर इनसे इस पर आगे बात करना मुनासिब होगा। अभी इतना ही, बस। एकाएक उन्हें

जाने क्या सूझी, वे बोल पड़े—"अरे, भाई साब, आप मुझसे लिखने का गुर पूछ रहे थे ना? आप डायरी क्यों नहीं लिखते? वह बढ़िया 'रॉ मैटीरियल' बन सकता है आपके उस उपन्यास का—जो मैं जानता हूँ आपको लिखना ही पड़ेगा। ताकि आप जो कहना चाहते हैं, वह अपनी पूरी गोलाई में—जीते-जागते चरित्रों के भीतर से उभर कर आये।

अब चौंकने की बारी सनातन की थी। चढ़ाई पूरी हो चुकी थी और वे कासारदेवी मंदिर के अहाते में दाखिल हो चुके थे। सामने समूची हिम-शृंखला जगमगा रही थी। सनातन अवाक्...ठगे से रह गए। उनका ध्यान तब टूटा जब सनत्कुमार की गुनगुनाहट उनके कानों में पड़ी।

अस्त्युत्तरस्यां दिशि देवतात्मा हिमालयो नाम नगाधिराजः।
पूर्वापरौ तोयनिधीवगाह्य स्थितः पृथिव्यामिव मानदण्डः॥

8

छह किलोमीटर पैदल चलकर जाना और छह किलोमीटर पैदल चलकर वापस आना...क्या यह चमत्कार ही नहीं कहलाएगा? मेरे साथ वह चमत्कार घटित हुआ है आज—जिसकी मैंने कल्पना भी नहीं की थी। इसका सारा श्रेय सनत्कुमार को जायगा बेशक...। मगर थोड़ा-बहुत तो मुझे भी मिलना चाहिए—नहीं? आखिर चला तो मैं ही ना? हाँ, सूझ सनत्कुमार की थी—चालक-शक्ति भी उसी की—यह मान लेने में भी मुझे कोई दिक्कत नहीं। सनत ने मेरा बहुत साथ दिया है—उतना और किसी ने नहीं दिया। तो...अब सैर का साथी भी वही क्यों नहीं? सनन्दन ने मुझे लाठी लेकर चलने की सलाह दी थी ना! तो...सनत्कुमार अब से मेरी लाठी हैं। एक जीवन्त लाठी। तब फिर उसे लाठी भी क्यों कहूँ? इतना सहृदय, इतना गुणी साथी कहाँ नसीब होता है। वह भी अपने घर का—बल्कि घर के भी घर का। जैसे मेरा ही प्रतिरूप! विनम्र, शालीन, मगर...स्वाधीन सोच रखने वाला। अनुयायी किसको चाहिए? मुझे तो बिलकुल नहीं चाहिए—मैं तो शुरू से ही 'निन्दक नियरे राखिये' का क़ायल रहा हूँ।

मुझे सनत्कुमार की किसी बात का बुरा नहीं मानना चाहिए। 'क्रियेटिविटी' वाली बात को लेकर उसने मुझे जिस तरह टोका, उससे ज़रूर थोड़ी देर के लिए मेरा माथा भन्ना गया था। मगर...ठीक ही तो कहता है वह, कि अपने सारे ऊहापोह का ज़िन्दा ड्रामा खड़ा करो—तभी तुम्हारी बात सबके सिर पर चढ़कर बोलेगी। गीता की दुहाई देना भर काफी नहीं है।

आज सनत्कुमार ने मुझे बुरी तरह चौंका दिया जब उसने मुझे डायरी लिखने की सलाह दे डाली। क्या उसे कहीं से ऐसी भनक मिली होगी? मुझे

नहीं लगता। डायरी कोई कविता तो है नहीं, जिसे सुनाने का प्रलोभन हो। मेरी डायरी में ऐसा गोपनीय भी क्या है? कुछ भी तो नहीं। देखूँगा—कभी मौका लगा और ज़रूरत महसूस हुई, तो उसे सुना भी दूँगा कुछ अंश। किसी और को तो सुनाना नहीं है—सनत्कुमार तो मेरे भीतर-बाहर की गतिविधियों के भी लगातार साक्षी रहे हैं। तो फिर इस डायरी के भी साक्षी वे बनें, तो इसमें हरज क्या है? वैसे भी वे यही न कह रहे थे कि डायरी 'रॉ मैटीरियल' का काम देगी उस उपन्यास के लिए—जो मैं लिखना चाहता हूँ, पर लिख नहीं पा रहा हूँ। कैसे?...बात समझ में नहीं आई मेरे। मगर...हो सकता है, उसी की बात ठीक हो। अभी तक मैं ज़रा भी 'कांशस' नहीं था इस बारे में। अब सनत्कुमार ने मुझे 'कांशस' बना दिया है, तो क्या पता, यह मेरे हित में ही हो। नहीं! अभी इस राज़ को राज़ ही रहने दिया जाये। फिर कभी...।

लौटते में एक बड़ी मज़ेदार घटना घटी। उसी 'क्रियेटिविटी' वाली बात पर से। वह जो ब्रह्मा वाली कथा आती है ना, उस दक्षिणामूर्ति वाली किताब में, वह मैंने सनत को सुना दी कि कैसे ब्रह्मा को सृष्टि करने का आदेश मिला तो उन्हें सहायता की ज़रूरत पड़ी और उनके इच्छा करते ही सनत्-सनातन-सनन्दन और सनक नामक चार युवक प्रगट हो गए और कैसे उन्होंने आने के साथ ही अपने स्रष्टा पर सवालों की बौछार कर दी जिनसे ब्रह्माजी परेशान हो गए और बोले—"पहले चुपचाप काम करो—अभी सवाल-ववाल कुछ नहीं—मेरे पास वक्त नहीं है तुम्हारे इन ऊटपटांग सवालों का जवाब देने का।" मगर वे चारों कुमार अपनी ज़िद पर अड़े रहे और ब्रह्माजी ने कुपित होकर उन्हें घर से निकाल दिया और फिर कैसे वे उत्तर दिशा में चलते गए, चलते गए और दक्षिणामूर्ति के दर्शन हुए उन्हें...जिनकी मौन व्याख्या से ही उनके सामने साक्षात् ब्रह्मतत्त्व ऐसा प्रकट हुआ कि सारे उनके प्रश्न उसी में बिला गए। सनत्कुमार को इस कहानी में इतना मज़ा आया कि उन्होंने उसी वक्त उस कहानी को कविता के रूप में लिखने का संकल्प भी व्यक्त कर डाला। अगले हफ्ते स्याहीदेवी का कार्यक्रम बना है, सनत्कुमार के कहे मुताबिक। सनक ले जाएगा अपनी गाड़ी में बिठाकर सबको। वहीं सनत्कुमार अपनी इस नयी कविता का पाठ करेंगे। देखूँ तो सही, ठेठ आज का, आधुनिक कहलाने वाला कवि एक पौराणिक थीम के साथ कैसा, क्या सुलूक करता है।

9

आज का दिन सचमुच ही अपूर्व था—ऐसा, जो मुझमें कालिदास के 'कुमारसंभव' के उस पार्वती-जन्म वाले प्रसंग का स्मरण जगा गया।... "प्रसन्नदिक्-पांसुविविक्तवातः, शंखस्वनानन्तर पुष्पवृष्टिः / शरीरिणां स्थावर-जंगमानां सुखाय तज्जन्मदिनं बभूव।"...सनातन तो इस क़दर अभिभूत हो गए इस श्लोक को सुनकर, कि कहने लगे—'सचमुच सनत, आज का दिन तो पार्वती के जन्मदिन जैसा ही लग रहा है। महीना भर हो गया मुझे यहाँ आए और...आज पहली बार नगाधिराज के दर्शन हुए। मैं आज के दिन को अपनी चेतना के जन्मदिन की तरह सेलीब्रेट करना चाहता हूँ—तुम दोगे साथ मेरा? मैंने कहा—"हाँ, हाँ, क्यों नहीं?...मगर चेतना तो हममें जन्म लेने के साथ ही जुड़ जाती है। तो उसका जन्मदिन मनाने से आपका क्या अभिप्राय है?" तो, सनातन बोले—"देखो भई, हर मनुष्य दो बार जन्म लेता है : पहला जन्म तो उसकी देह का होता है और दूसरा जन्म तब होता है जब उसे अपने चैतन्य होने का—आत्मचेतन होने का साक्षात् अनुभव होता है। तभी वह 'द्विज' कहलाने का, यानी आत्म-चेतन चेतना के साथ दुबारा जन्म लेकर सचमुच मनुष्य कहलाने का पात्र बनता है। कालिदास ने जो इस हिमालय को 'पृथ्वी का मानदंड' कहा है तो यों ही नहीं कहा है। चेतना का साक्षात् विग्रह है यह हिमालय तुम्हारे सामने,...जो पृथ्वी का ही क्यों पृथ्वी के स्वर्गारोहण का, और पृथ्वी पर स्वर्ग के अवतरण का भी मानदंड है। मानदंड और प्रतीक दोनों।

मुझे उनकी बात कुछ ज़्यादा ही रहस्यवादी लगी। मगर...इतना भावाविष्ट था उनका स्वर, कि उन्हें बीच में टोकना मुझे उचित नहीं जान पड़ा। पहले भी एक बार टोकाटोकी करके उनके धैर्य की काफी परीक्षा ले चुका था मैं।

वही जो उन पर एक नया खब्त चढ़ा हुआ है आजकल—'क्रियेटिविटी' का—जिसके लिए उन्होंने एक नया नाम 'आक्रामक प्रेम' का गढ़ मारा है, उसी को लेकर। सनातनजी का कहना है कि जिस एक चीज़ की इस वक्त इस देश को सबसे ज़्यादा ज़रूरत है, वह है क्रियेटिविटी, जो हज़ार साल की गुलामी, लूट-पाट और सामूहिक स्मृति-भ्रंश के कारण बुरी तरह क्षतिग्रस्त और विकलांग हो गई है। और इसका इलाज 'आक्रामक प्रेम' है जिसके बिना सत्य और अहिंसा की सारी बातें हमारी आज की दुनिया में थोथी और बेजान साबित हो रही हैं—क्या घर में, और क्या बाहर, दोनों जगह।

इस पर मैंने उनसे कहा—"कहाँ आक्रामक प्रेम। और कहाँ क्रियेटिविटी। यह कैसी उलटबाँसी है? जो भी असंतोष या क्षोभ आपके भीतर है, उसका मैं आदर करता हूँ पर उसका इस तरह का मनमाना तर्क या औचित्य गढ़ना मुझे ठीक नहीं लगता। इसकी बजाय आप वास्तविक स्थितियों का सीधे सामना करते हुए अपने अन्तःसंघर्ष का जीवित ड्रामा खड़ा करें ताकि आप जो कहना चाहते हैं, वह सब तरह के लोगों की समझ में आए। मैंने उनसे यह भी कहा कि पिछले सौ वर्षों के भारतीय भाषाओं के साहित्य में हमारी परिस्थिति और मनःस्थिति की कोई प्रामाणिक तस्वीर नहीं उभरती—आपका यह कहना तो बड़ा भारी अन्याय होगा उसके साथ कि, वह सच्ची क्रियेटिविटी नहीं है, सिर्फ नक़लची और आत्मविश्वासहीन परछाई है पश्चिम की। पर इसका एक भी उदाहरण आपने दिया? आप असली साक्ष्यों पर तो ध्यान ही नहीं देते— और मनमाने 'जेनरलाइजेशन' गढ़ के संतुष्ट हो जाते हैं।"

इस पर सनातन उत्तेजित हो गए। बोले—"तुममें ठहर के सोचने का धीरज तो है नहीं; तुरन्त 'रिएक्ट' भर करते हो। इस तरह 'रिएक्ट' करने का सचमुच विचार करने से कोई सम्बन्ध नहीं होता—यह तुम्हें कैसे समझाया जाय?"

कल की बातचीत के बाद मुझे लगा कि सनातन के भीतर बड़ा गहरा अन्तर्द्वन्द्व चल रहा है। वे एक ऐसे अड़ियल अन्तर्विरोध के सामने खड़े हैं जिसका कोई हल उन्हें नहीं सूझ रहा। एक ओर उनकी यह दृढ़ मान्यता है कि असली स्वतंत्रता तो आध्यात्मिक स्वतंत्रता होती है—धर्मविश्वास की स्वतंत्रता—जो कि विश्व में अकेले भारतवर्ष ने ही कमाई है। कमाई ही नहीं, उसे जिया भी है सचमुच, और सचमुच उसे अक्षत-अक्षुण्ण भी रक्खा है हज़ारों

बरसों से। किन्तु इसके साथ ही साथ उनकी यह भी शिकायत है कि हमारी सभ्यता के गुण ही धीरे-धीरे अवगुणों में बदल गए हैं। एक ऐसी आत्मतुष्टि हममें घर कर गई है जिससे वह संघर्ष ही बेमानी हो जाता है जो मनुष्य को रचनाशील बनाता है। इतने विराट् सांस्कृतिक वैविध्य को सम्हालने वाली सांस्कृतिक एकता, जो कभी हमने चरितार्थ की थी–उसे निरन्तर गतिशील और सृजनशील बनाए रखने के लिए वह जो एक सुदृढ़ जातीय चेतना चाहिए–जिसे वे 'सेंस ऑव कम्युनिटी' कहते हैं–उसका उनके कथनानुसार हममें एक लम्बे अरसे से अभाव रहा है और अब जाकर जो दुर्लभ अवसर हमें मिला था उसे नए सिरे से आज की जगद्गति के बीचोबीच चरितार्थ करने का अवसर भी हम गँवाते जा रहे हैं। छिद्र ही छिद्र दिखाई दे रहे हैं हमारे राष्ट्रीय भाव-बोध में; और राजनीति तो हमारे जातीय जीवन-रथ का सबसे कमज़ोर पहिया साबित हो ही रही है।

तो...हमारे सनातन जी को मोक्ष का मूल्य भी जीवन-मूल्य के स्तर पर ही चाहिए; साथ ही वह स्वतंत्रता और सर्जनात्मक स्फूर्ति भी चाहिए, जो पश्चिम की अपेक्षाकृत अधिक प्राणवान् सभ्यताओं में उन्हें नज़र आती है, और समूची भारतीय जनता का शैक्षिक और सांस्कृतिक विकास भी चाहिए। कभी-कभी वे मुझे एक स्वप्नजीवी रोमांटिक से प्रतीत होने लगते हैं; हालाँकि भीतर से वे हैं एक 'स्पिरिच्युअल रियलिस्ट' ही। उनका असाध्य आशावाद भी इस आध्यात्मिक यथार्थवाद से ही उपजता है और वह आशावाद सचमुच संक्रामक है। जितनी देर उनके साथ रहो, उतनी देर आपको लगेगा कि आप उन्हीं की आँखों से देख रहे हैं, उन्हीं के दिमाग़ से सोच रहे हैं। बाद में भले ही आपको लगने ल‍ा कि ये कैसे हमको इतनी आसानी से धका ले गए? मुझे तो उनके व्यक्तित्व में पेंच ही पेंच दिखाई देते हैं। सेवानिवृत्ति के बाद अब उन्हें फुरसत ही फुरसत है; उन पेंचों को खोलकर उन्हें तेल-वेल पिलाकर नए सिरे से कसने की। उन्हें बात करते हुए सुनिये, तो लगेगा पूरे मुल्क की नब्ज़ पकड़ रखी है उन्होंने अपने हाथ में। फिर कभी यह भी लगता है कि दरअसल वे खुद, यानी सनातन ही मरीज़ हैं, सनातन ही खुद वैद्य हैं। यानी वही खुद रोग हैं और वही औषधि भी। यूँ वे कभी कहते नहीं ऐसा खुद; पर उनकी बातें सुनते हुए मुझे खासतौर पर इन दिनों यही लगता है कि जैसे वे मानकर चल रहे हों कि उनकी जीवनी ही हिंदुस्तान की जीवनी है और वह बाक़ायदा

समूची दुनिया के सामने प्रकट होने के लिए छटपटा रही है। पर, प्रकट होगी कैसे? लिखी जाएगी, तभी न प्रकट होगी। भीतर ही भीतर कहीं वे आश्वस्त भी दिखाई देते हैं कि ऐसा होगा, ज़रूर होगा। सवाल है, उसे लिखेगा कौन?

एक आश्चर्यजनक बात यह हुई है कि जो सनातन का सबसे उत्कट व्यसन था पढ़ने का—वह भी उनसे इन दिनों अपने-आप छूट गया है। उसकी जगह जिस चीज़ ने ले ली है, वह निश्चय ही कोई उससे भी ज़्यादा गहरा व्यसन होना चाहिए। पर उसके बारे में बात करना जब तक उन्हीं को अच्छा नहीं लगता तो मैं क्या बात करूँ?

पहले सनातन जब भी यहाँ आते थे, एक बड़ा सा बैग किताबों से ही भरा हुआ लेकर आते थे। इस बार वे सिर्फ दवाइयों के सूचीपत्र जैसी दो पतली सी किताबें भर अपने साथ लेकर आए हैं जो उन्हीं के कथनानुसार उन्हें माउण्ट आबू में किसी पहुँचे हुए साधु ने प्रदान की थीं। मुझे भी दिखाईं थीं उन्होंने—बल्कि पढ़ने को भी दी थीं—तीन दिन के भीतर पढ़कर लौटाने का पक्का वादा करवाकर। पढ़ डालीं मैंने दोनों। एक का नाम है *'पोर्ट्रेट ऑव दि गुरु'*—जो शंकराचार्य की कविता 'मनीषापंचकम्' का बहुत ही सुंदर भाष्य है—उन्हीं साधु महाराज का किया हुआ। दूसरी किताब है—'दि डिवाइन मास्टर'—जो दक्षिणामूर्ति पर रचे गए 'मन्त्रार्णवसूक्त' की व्याख्या है—उन्हीं साधु के द्वारा लिखी गई।

आज कासारदेवी से लौटते हुए एक बड़ी मज़ेदार घटना घटी। इस दूसरी किताब की भूमिका में एक बड़ी मज़े की कथा आती है कि ब्रह्माजी ने सृष्टि-निर्माण में मदद के लिए चार पूत अपने संकल्प से ही उपजाए थे। मगर वे चारों आते ही इस ज़िद पर अड़ गए कि पहले ब्रह्मा उनके प्रश्नों का उत्तर दें तभी वे काम करेंगे—नहीं तो, नहीं। इस पर ब्रह्माजी ने रुष्ट होकर उन्हें घर से निकल जाने का आदेश दे दिया। मगर इससे उन चारों का कुछ बिगड़ा नहीं, बल्कि कल्याण ही हुआ क्योंकि उन्हें अपनी खोज-यात्रा के अंत में साक्षात् दक्षिणामूर्ति मिल गए। —जिनकी मौन व्याख्या में उनके सारे प्रश्न घुल गए। सनातन को ध्यान नहीं था कि यह कथा तो मैं पहले ही उनकी उस 'डिवाइन मास्टर' वाली किताब में पढ़ चुका हूँ। उन्होंने मुझे न केवल यह कथा सुनाई—बल्कि इससे थोड़ी मिलती-जुलती, मगर वास्तव में, बहुत ही अलग और विपरीत अर्थ वाली बाइबिल की कथा भी बताई कि देखो वहाँ भी परमपिता

ने आदम को स्वर्ग से इसी कारण निष्कासन दिया था—कि आदम ने उनकी आज्ञा के विरुद्ध ज्ञान का फल चख लिया था। मुझे लगा वे इन दोनों कथाओं में बहुत बुनियादी फर्क देख रहे हैं : दो नितान्त भिन्न विश्व-दृष्टियों से उन्हें जोड़ रहे हैं। मुझे तो यह ब्रह्मावाली कथा इतनी दिलचस्प लगी कि मैंने उस पर फटाफट एक कविता ही लिख डाली। अगले सप्ताह हमारे स्याहीदेवी जाने का कार्यक्रम है—सनक-सनन्दन भी होंगे, सनातन जी तो होंगे ही। तभी यह कविता उन्हें सुनाऊँगा। देखूँ तो सही, सनातन जो कहना चाहते हैं और मैं जो समझ रहा हूँ दोनों के बीच कितना फर्क है। मेरा 'इन्टरप्रिटेशन' उन्हें कैसा लगता है। सनातनजी मिल्टन के महाकाव्य का भी ज़िक्र कर रहे थे, जो बाइबिल की सृष्टि-कथा पर ही आधारित है। मैंने उनसे कहा कि मुझे आप पढ़कर सुनाइए। उसका वह प्रारम्भिक अंश, जिससे आप इतने 'ऑब्सेस्ड' हैं। वैसे मैंने बी.ए. में पढ़ा था उसका पहला अध्याय--पर उनके मुख से सुनना चाहता हूँ।

10

स्याहीदेवी। सबसे ऊँचा पहाड़ इस अनंतपुरी के समूचे लैंडस्केप का। काफी घूमकर आना होता है मोटर मार्ग से यहाँ तक पहुँचने के लिए। सीधा रास्ता तो पैदल रास्ता है—पूरे चौदह मील की चढ़ाई—बहुत ही कर्री चढ़ाई का—जिसे सनातन किसी ज़माने में कम से कम आठ-दस बार अपने पाँवों से नाप चुके होंगे। ज़्यादातर अपने पिता के साथ, पर तीनेक बार समवयस्क दोस्तों के साथ भी। मोटर-मार्ग से भी सीधे ऊपर मन्दिर तक नहीं जा सकते। गाड़ी नीचे शीतलाखेत में ही आराम फरमा रही है। एक मील की चढ़ाई तो पैदल ही चढ़नी पड़ी है सबको। परन्तु अपनी थकान और हँफनी सब एक दूसरे से नहीं, अपने आप से भी छुपा रहे हैं। एकमात्र अपवाद हैं सनक महाशय, जो न केवल खाद्य और पेय पदार्थों से ठसाठस भरा बैग अपनी पीठ पर लटकाए हुए हैं बल्कि हर दस कदम पर दिख जाते काफल के पेड़ पर चढ़कर ढेर सारे काफल तोड़ लाने का और रपटीले ढलानों पर उगे हिसालू की बेहद कँटीली झाड़ियों में घुसकर उसके सुनहले अमृतफल भी नोच-नोच के अपने साथियों को खिलाते जाने का पुण्य भी कमाते जा रहे हैं। खुद तो वे यह सब कुछ भी नहीं खाते-चखते तक नहीं—पर औरों को खिलाकर ही तृप्ति पाते हैं। उनके सिवा और किसी के बस का भी नहीं यह काम। असंभव पुरुषार्थ है यह बाकी तीनों के लिए।

एकमात्र सनन्दन के झोले में ही पूजा की सामग्री है। जिसे लेकर वे सीधे मन्दिर के गर्भगृह में विलीन हो चुके हैं—अपने नास्तिक-सहयात्रियों को उधर बुरूँश की ओट में अन्तर्धान होकर अपनी मधुचर्या चलाने के लिए उन्मुक्त करते हुए। आधे घंटे से पहले उनके लौटने की कोई संभावना नहीं। तभी

ज्वाइन करेंगे वे इस मण्डली को, जब खाद्य पदार्थों की बारी आएगी। वह काम उन्हीं के ज़िम्मे है। मैनेजर स्वामी वे यूँ ही नहीं कहलाते। इस बार सब कुछ सनक के ही यहाँ से आया है। हमेशा की तरह सनन्दन इस बार उत्पादक नहीं, केवल वितरक की भूमिका में हैं।

सनन्दन ने सारी हवन-सामग्री करीने से लगा दी है। सनत्कुमार बुदबुदा रहे हैं...

ऊँ ब्रह्मार्पणं ब्रह्महविर्ब्रह्माग्नौ ब्रह्मणा हुतम्
ब्रह्मैव तेन गन्तव्यं ब्रह्मकर्मसमाधिना

"यह क्या है सनत?"—सनातन जानते-बूझते भी अनजान बने रहने का अभिनय कर रहे हैं शायद।

"अद्वैत आश्रम मायावती में रहा था मैं कभी एक सप्ताह। वहाँ की रूटीन है—खाना शुरू करने से पहले सब मिलकर यह श्लोक उचारते हैं। उसके बाद ही भोग लगता है।"

"मतलब बताओ इसका, क्या है?" सनक पूछ रहे हैं।

"गीता का श्लोक है। जठराग्नि को हवन सामग्री अर्पित करते हुए कहते हैं—'ब्रह्म ही यह सारी हवन-सामग्री है जो ब्रह्म को ही अर्पित की जा रही है। जो आहुति दी जा रही है, वह भी ब्रह्म के द्वारा ब्रह्म-रूपी अग्नि को ही दी जा रही है। जहाँ इस सामग्री को पहुँचना है, वह जगह भी ब्रह्म ही है, और यह समूची क्रिया भी ब्रह्मकर्म ही है, समाधि ही है।"

सब टूट पड़े हैं भोज्य सामग्री पर। सनत्कुमार थोड़ा अचंभे से सनक को देख रहे हैं। क्या बात, आज यह महाशय इतने चुप क्यों हैं? श्लोक सुनकर भी कोई व्यंग्यात्मक टिप्पणी नहीं की—जैसी कि इनकी आदत रही है हमेशा की। आज बात क्या है? बड़े मगन हैं अपने-आप में।

"क्यों भाई साब?"—सनत्कुमार से नहीं रहा गया तो सनातन को ही छेड़ बैठे। "आपको याद है वह साक्षी-भोक्ता की बात—कासारदेवी के रास्ते में। उस दिन हम इसी नतीजे पर तो पहुँचे थे ना, कि भोक्ता भी अच्छा वही होता है जो थोड़ा साक्षी भी बना रहे। भोग लगाते हुए भी जो भोग में पूरी तरह लिप्त नहीं होता, अपने भोगने को भी अलग से देख सकता है, वही भोक्ता दरअसल सही भोक्ता है। नहीं तो वह महज़ पेटू और चटोर है। तो...ज़रा गौर फर्माइये एक बार हम सबों पर और बताइए—हममें से कौन इस वक़्त साक्षी एवं भोक्ता दोनों भूमिकाएँ निभा रहा है?"

"तुम तो निश्चय ही नहीं"– सनक सहसा बोल उठे। सनातन भी तुम्हारी ही कैटैगरी में आएँगे फिलवक़्त। अब रहे मैं और सनन्दन। तो मैं भी, साले, तुम्हारी कुसंगत से अछूता कैसे रह सकता हूँ? बचा सिर्फ सनन्दन। और वही उस रोल में फिट बैठता दिख रहा है जिसको तुम वो क्या कह रहे थे? विटनेस-कम-ईटर?"

"क्यों सनन्दन?"–अचानक छाई चुप्पी को भंग करते हुए सनातन बोले–"क्या यह सच है जो सनक ने अभी कहा?"

सनन्दन चुपचाप मुस्कुराता रहा। बोला कुछ नहीं।

"उससे क्या पूछते हो? अपने मुँह मियाँ मिट्ठू बनना सनन्दन तुमसे सीख सकता था, पर सीख नहीं पाया अभी तक। देखते नहीं, उसकी इस पेट-पूजा में और जो पूजा वह उस मंदिर में आधे घण्टे से कर रहा था, दोनों में कोई फर्क दिखाई देता है तुम्हें? तुम तो साले, एक श्लोक पेल के छुट्टी पा गए और उस वक्त भी तुम्हारा सारा ध्यान खाने पर था, श्लोक पर नहीं। मेरा तो खैर था ही। मेरे लिए तो यह तुम्हारी 'विटनेस-कम-ईटर' वाली बात बकवास ही है। तुम्हारे लिए भी वह बकवास ही है। पर सनन्दन को खाते देखकर कौन कहेगा कि वह पेटू-चटोर की श्रेणी में आता है? पेट पूजा भी उसके लिए पूजा ही है।

"बस-बस, बहुत हो गया। हमने मान लिया तुम्हारा फैसला"–सनातन बोले।

"कैसा फैसला?"–सनन्दन ने अपने मुँह की ओर बढ़ता हाथ का कौर हाथ में ही रोक कर कहा–"साक्षी तो एक वह परमात्मा ही है। हम तो सब के सब यहाँ अपने कर्मों का भोग भोगने ही आए हैं। हम कहाँ के साक्षी?"

"और...अन्तरात्मा? यानी, कांशेस?...वह क्या है?"–सनक ने सनन्दन को घूरते हुए पूछा। उसे सनन्दन से शायद ऐसे रूखे रेस्पोंस की अपेक्षा नहीं थी।

सनन्दन कुछ कहता इससे पहले ही सनत्कुमार बोल पड़े–"अंतरात्मा मुझे तो कहीं नहीं दिखाई देती। रही होगी पहले कभी। पर अब तो वह कहीं नहीं है। जो दीखता है उसकी जगह, वह एक औपचारिक अंतःकरण भर है, उससे ज़्यादा कुछ नहीं।"

"यह तुम्हारा प्रॉब्लम होगा। अपना बयान तुम अपने तक ही रखो–उसे सबके ऊपर मत थोपो"–सनक का स्वर खीझा हुआ था।

"मैं वस्तुस्थिति ही बयान कर रहा हूँ"—सनत्कुमार ने धीमे से कहा। "चलो छोड़ो। हम यहाँ बहस करने नहीं आए।"

"वही तो, वही तो"—सनन्दन ने कहा। "हम यहाँ मन बहलाव के लिए आए हैं कि झगड़ा करने?"

"अरे भाई, झगड़ा कौन कर रहा है?"—सनातन बोले। यह नोंक-झोंक तो चलती रहती है हमारे बीच। कोई नई बात है भला? अरे, तुम तो कविता सुनाने वाले थे सनत—उसका क्या हुआ? लाए हो कि नहीं?"

सनत्कुमार विस्मय से अवाक् सनातन को घूरते बोले—"आपको कैसे पता चला?"

"हद हो गई"—सनातन बोले। "तुम्हीं ने तो कहा था तुम्हें उस कहानी पर कविता सूझ रही है और तुम सुनाओगे स्याहीदेवी में। भूल गए?"

"ओह!" सनत्कुमार बुरी तरह झेंप गए। क्या ज़रूरत थी इस तरह इनको पहले से बताने की? सारा सरप्राइज़ चौपट हो गया।

"कैसी कहानी?"—सनक बोले। इस पर सनातन को संक्षेप में वह कहानी भी परोसनी पड़ी।

"चलो, समेटो यह सब और वहाँ बैठते हैं उस बाँज के पेड़ की छाया में। तब तक सनातन, तुम अपनी सुरती-फुरती निकाल लो। कविता-पाठ के बीच में बिलकुल डिस्टर्बेंस नहीं चाहिए।"

सनत्कुमार को अचरज हुआ। आज तो सनक भाई कुछ अलग ही मूड में हैं। कविता सुनने के लिए ऐसा उत्साह तो उनमें कभी देखा नहीं गया।

सबके सब बाँज के पेड़ के नीचे जम गए। सनत्कुमार ने कविता-पाठ शुरू कर दिया।

11

"ऑफ मैन्स फर्स्ट डिस्ओबीडियंस..."

नहीं !
'मैन' नहीं, 'मनु' भी नहीं,
कथा यह सनातन-सनकादि की
कहते सनातन सनकादि ही।

~

'ब्रह्म क्यों ब्रह्मा नहीं?
ब्रह्मा क्यों स्वयंभू?'
प्रश्न है सनातन
सनकादि का
देव-दानव-मनुज सबके
परमपिता प्रजापति से

सर्वप्रथम पृथ्वी की
त्रि-आयामी प्रजा को
तुम्हीं ने किया सम्बोधित
'दत्त'...'दम्यत'...'दयाध्वम्'
गूँज रहा वज्रघोष अब भी तुम्हारा वह
आधुनिक कविता के शिखर पर'...

फिर क्यों हो वंचित एक तुम ही यहाँ
मर्त्यों की भक्ति से?
किसने किया बेदख़ल तुम्हें
तुम्हारी ही धरती, और
तुम्हारे ही आकाश, और
तुम्हारी ही शक्ति से?

कथा यह तुम्हारी,...सनकादि की
बूझने निकले हैं
अन्तरिक्ष यात्री ये नये
सनातन-सनकादि...

"ऑफ मैन्स फर्स्ट डिस्ओबीडियंस"...? नहीं।
ऑव मैन्स फर्स्ट क्वेश्चनिंग–
अथातो ब्रह्मजिज्ञासा?

अवज्ञा नहीं थी वह।...प्रश्न करना ही अगर
तुम्हारी अवज्ञा है
कैसे तुम परमपिता?
हम नहीं तुम्हारे पुत्र
कहते सनकादि अब...

जैसे कहा होगा कदाचित् चुपचाप तब
स्वर्गच्युत आदम ने
मन ही मन।

मन से मनुष्य हुआ
कहते सभी पुराण
मन ही मनुष्य है
लो यह एक और कथा

गुनो इसे मन ही मन
नहीं यह अवज्ञा है
बालोचित प्रज्ञा है
मिथक नहीं, पिटक नहीं
पौराणिक लीला है
गुनो इसे मन ही मन
इक्कीसवीं सदी के मनु!

तुम्हीं ने उपजाया उन्हें
अपनी मदद के लिए
सौंपा था काम तुम्हें
रचना का सृष्टि की
स्वयं परब्रह्म ने

ना-नुकुर किये बिना
बैठे तुम चाक पर
अपनी ही रचना के पीछे पड़े पागल हो
भूल गए सुध-बुध सब
थककर हुए निढाल

"मुझसे अकेले नहीं सलटेगा सारा काम
वाणी को वशीभूत करने के चक्कर में
हुआ स्वयं वशीभूत
थककर हुआ चकनाचूर
रूठ गई सरस्वती
कौन करेगा रक्षा मेरी अब
मुझसे ही?

मुझसे अकेले नहीं सलटेगा सारा काम
चाहिए मुझे अपनी चार भुजाओं की तरह

चार सहायक बलिष्ठ
बाँट सकें खुशी-खुशी मेरा जो रचना-श्रम
हर लें मेरी थकान
मोहलत दें करने की
जब-तब स्वरूप-ध्यान
सृजन के बीचोंबीच
सृजन के साथ-साथ...'

तुम ठहरे प्रजापति,–विधाता चराचर के
तुम्हारे संकल्प करते ही
प्रगट हुए चारों वे
बोल उठे एक साथ...

'कौन हो तुम? कौन हैं हम?
किसलिए बुलाया हमें
क्या कर रहे हो तुम?
किसने बिठाया तुम्हें यहाँ इस पहिये पर?
घुमा रहे जिसको तुम आँख मूँदे अन्धाधुन्ध
लगा रहे किसके लिए
भीड़ यह खिलौनों की?
हम नहीं खिलौने ये...
सिर तो उठाओ तनिक।
देखते नहीं हो हम कब से खड़े सामने?'

अनदेखा अनसुना
किया उन्हें तुमने पर;
स्वर भी तुम्हारा मानो
तुम्हारे कण्ठ से नहीं,
चाक से ही निकला हो
इस तरह बोले तुम–

'फटाफट काम करो
मेरे निर्देशानुसार
फुरसत नहीं है मुझे
तुम्हारे इन ऊलजलूल
प्रश्नों का उत्तर देने की

मैं हूँ तुम्हारा पिता—प्रजापति स्वयंभू
और,...तुम मेरी मानसी सृष्टि

मेरे भी सिर पर 'वह'
तुम नहीं जानते जिसे
मैं भी कहाँ जान सका
पूरा-समूचा कभी

फिर भी आदेश उसका
किया शिरोधार्य मैंने
पूछा नहीं भूल के कभी
'क्यों'? और...'किसलिए'?

फिर तुम कौन होते हो
पुछड़े लगाने वाले
अपने जन्मदाता से?

यज्ञ है यह सृष्टि-कर्म
पहले जुतो इसमें तुम
जिसके लिए जनमे हो।''

''नहीं! ...पहले उत्तर दो हमारे प्रश्नों का
तभी हम करेंगे तुम्हारा काम।
आखिर हम प्रजा नहीं, संतति तुम्हारी प्रथम

दूसरी आत्मा जिसे
कहते तुम्हारे वेद

हम तुम्हारे प्रथम पुत्र
पूछ रहे, तुमसे यदि तुम्हारा ही परिचय सही
जानना चाहते तुम्हारे काम के बारे में
यज्ञ जिसे कहते तुम

तो क्या गुनाह करते हैं?
ज़बर्दस्ती तुम हमसे
कुछ नहीं करा सकते।

हम तुम्हारे मानस-पुत्र
जानें नहीं तुमको ही
और तुम्हारे काम को
यज्ञ जिसे कहते तुम!

हम तुम्हारे मानस-पुत्र
बंधुआ मजूरों से
खटें यहाँ बेमतलब
यही चाहते क्या तुम?

सीधे से सवालों का हमारे इन
सीधा जवाब देने में तुम्हें
दिक़्कत क्या है आखिर?"

ललकारे जाकर यूँ
चार-चार लड़कों से एक साथ
चकराए चतुरानन
भीतर से मोद-मगन

ढीले नहीं बाहर
लाल-पीले दिखे लड़कों को
पल भर को रुका चाक
चालू हुआ ज्यों ही घरघराता फिर,
चिल्लाता उन्हें लगा–
चिल्लाता उन्हीं पर।

''नहीं चाहिए मुझे ऐसे हुज्जती, कामचोर
पुछड़े लगाते पुत्र
दुखता यह माथा खपाने से तुम्हारे साथ
बेहतर है, खटूँ मैं इस यज्ञ में
अकेला ही।
नहीं चाहिए मुझे ऐसी अड़ियल औलाद, जो
हुक़्म मेरा फौरन बजा लाने के बदले मुझे
उल्टे, चुनौती दे।

हटो मेरे आगे से–निकल जाओ बाहर तुम
शक़्ल भी न देखूँ तुम्हारी मैं अब से कभी''

''हद है, हद है यह तो
हद है तानाशाही की?''
–आँखों ही आँखों में
बोले वे चारों कुमार।

चलो–इनका पहला हुक्म
अपनी ज़ुबान बन्द रखने और
चुपचाप खटने का
हमें मंज़ूर नहीं

दूसरा शिरोधार्य है
निरवधि निष्कासन
अपनी पितृभूमि से।

कहाँ जायें—बोलो अब
कौन सी दिशा चुनें
समाधान पाने को
अपनी प्रश्नाकुलता का?

चारों समवयस्क थे—युवा और शक्तिपुंज
जेठा-काँठा कोई नहीं
एक से सयाने और अक़्लमंद चारों ही
एकसाथ पैदा हुए...

बोला सनातन तभी
"सुनो—उत्तर दिशा मुझे
खींच रही बरबस ही

कानों में मेरे ज्यों फुसफुसा रहा कोई
'उत्तर मिलेगा तुम्हें अपने सारे प्रश्नों का
उत्तर दिशा में ही...
होगा सर्वज्ञ वहाँ बैठा तुम्हारे लिए
वत्सल ऋषि कोई, जिसमें
होगा धीरज अपार
तुम्हारी बात सुनने का'।

उड़ चलें चारों वे उत्तर दिशा में तुरत
नहीं, वे फरिश्ते नहीं
पुरखे थे मनुष्य के

अग्रज मार्कण्डेय ऋषि के
जिनकी थी यही टेक
'चरैवेति ... चरैवेति।
चलते रहो, चलते रहो
प्रलय-समुद्र पर भी'...

चलते-चलते ही वे
पहुँचे सुमेरू पर्वत
तलहटी में जिसके उन्हें
दीखा एक महावृक्ष...
और उसकी छाया में
'यमामनन्त्यात्ममुवोऽपिकारणं'*
...देवाधिदेव स्वयं
साक्षात् दक्षिणामूर्ति
घिरे वृद्ध ऋषियों से
चिर युवा, चिरनवीन

अक्षय सौन्दर्य-सत्य
चिरनवीन चिरयुवा
मौनमुखर ब्रह्मतत्त्व
साक्षात् परब्रह्म
मोहिनी मुद्रा में

---

* शंकर महादेव को पति-रूप में पुनः पाने के लिए तपस्यारत पार्वती की परीक्षा लेने आए बटुकवेशधारी महादेव को पार्वती के मुख से कहलवाया है कालिदास ने 'कुमारसंभव' में : "जो स्वयंभू का भी मूल कारण है, उसके माँ-बाप का पता पूछनेवाला तू कौन है?" दक्षिणामूर्ति देवाधिदेव शंकर ही हैं।

‘‘मौनव्याख्या प्रकटित ब्रह्मतत्त्वं युवानं’
वर्षिष्ठान्ते वसद्‌ऋषिगणैः आवृतं ब्रह्मनिष्ठैः
आचार्येन्द्रं करकलितचिन्मुद्रमानन्दमूर्तिं
स्वात्मारामं मुदितवदनं दक्षिणामूर्तिमीडे॥’’

तृप्त ब्रह्मजिज्ञासा
फिर भी वह चिरनवीन-चिरयुवा
प्रगटी है एक बार नए सिरे से फिर
अन्तरिक्ष-यात्री बन
सुनो इसे गुनो इसे
इक्कीसवीं सदी के
ओ प्राकृत जन!!!

कथा यह सनातन—
सनकादि की...

12

"मज़ा आ गया। फिर से पढ़ो"—सनक महाशय चिल्लाए।

"हाँ, हाँ, फिर से—वन्स मोर"—सनातन भी बोल पड़े।

"ज़रा धीरे-धीरे सनत्कुमार जी। जल्दी किस बात की है?"—सनन्दन ने कहा।

कविता दोबारा, फिर तिबारा पढ़ी-सुनी गई।

"कविता ए-वन है"—सनक ने सनत की पीठ पर धौल जमाते हुए अपना फैसला सुनाया। सनातन ने जिस तरह यह कहानी सुनाई थी, मुझे बिलकुल 'डेड' लगी थी। मगर तुमने सचमुच उसमें जान फूँक दी। वाह प्यारे, वाह। जियो। 'सनकादि' कहने से ही साफ़ जाहिर हो जाता है कि इस आदिम विद्रोह का लीडर कौन था। तब फिर सनातन का अलग से नाम लेने की ज़रूरत क्या थी?"

"मेरी समझ से तो लीडर न सनातन है, न सनक। चार के चार बराबर हैं।" सनन्दन बोला। "वैसे असली लीडर तो ब्रह्माजी ही हुए"।

"क्या बक रहे हो?"

"इसलिए हुए, कि सृष्टि तो वही कर रहे हैं। सनकादि नहीं भी आते तो कोई फ़र्क नहीं पड़ता। वैसे भी कहाँ पड़ा?"

"तुम यार घोंचू के घोंचू ही रहे। इतना बड़ा रिबेलियन—दुनिया का सबसे पहला रिबेलियन! और तुम्हारे लिए उसका कोई मतलब ही नहीं। ब्रह्मा क्या खाक लीडर बनेंगे? बनते तो पूजे नहीं जाते? तुम्हारी 'स्याहीदेवी' के जितनी भी तो पूछ नहीं है उनकी। है कहीं कोई मंदिर ब्रह्मा का पूरे भारत में? क्यों नहीं है?"

"वही तो ये पूछ रहे हैं अपनी कविता में कि क्यों नहीं है?"—सनातन बोले।

"मैं बताता हूँ, क्यों नहीं है।"—सनक ताव खा गए। "पूजा होती है

विष्णु की, जो पालन करता है, रक्षा करता है; पूजा होती है शिव की, जो प्रलय करता है। ब्रह्मा की क्या पूजा होगी और क्यों होगी? वैसे भी, असली पावर जो है वह तो ब्रह्मा की नहीं, ब्रह्म की है जो परदे के पीछे से सारा सूत्र-संचालन कर रहा है। मगर ये जनाब अपनी कठपुतली सरकार बनाने चले तो उसे भी नहीं निभा सके। डिक्टेटर बन गए। अच्छा सबक सिखा दिया बेटों ने। कमाल कर दिया सनत, तुमने। कोई ग्रीक पुराण-कथा पढ़ी थी कभी मैंने ऐसे ही विद्रोह की, जो उन यूनानियों के ब्रह्मा यानी 'ज्यूस' के खिलाफ किया था किसी छुटभैये ने। मगर उसमें वो बात कहाँ जो तुम्हारी इस कथा—नहीं, कविता—में है। असली आदि विद्रोही वह प्रमथ्यु नहीं—ये सनकादि हैं।''

''क्यों?''—सनातन ने टोका। ''तुम सीधे ग्रीक माइथौलॉजी में क्यों पहुँच गए? वे तो बहुदेववादी थे हमारी तरह। तुम तो उस एकेश्वरवाद पर आओ जिसने दुनिया की सारी पैगन सभ्यताओं को उजाड़कर दुनिया पर अपना वर्चस्व कायम किया है। उसके मुताबिक तो आदि-विद्रोही लुसिफर ही ठहरता है जिसने सीधे स्वर्गीय परमपिता को चुनौती दी और नतीजे में तब से सनातन यानी 'इटर्नल' नरक भोग रहा है।—'शैतान' की बदनामी भी—ऊपर से।''

इस पर सनक थोड़ा सोच में पड़ गए। ''मैंने तो बाइबिल पढ़ी नहीं है। इसलिए उसके बारे में क्या कहूँ? पर इत्ता ज़रूर जानता हूँ कि आदम को भी उस 'गॉड' की आज्ञा के विरुद्ध 'ज्ञान' का फल चखने के लिए ही स्वर्ग से निष्कासन की सज़ा मिली थी।''

''तो तुम आदम को ही आदि-विद्रोही क्यों नहीं कहते? उसने भी तो परमपिता के खिलाफ विद्रोह किया था। ज्ञान का फल चखने पर जो प्रतिबंध लगा दिया था 'परमपिता' ने, उस प्रतिबंध को तोड़ के।''

''पता नहीं''—सनक कुछ उलझन में पड़ता दीखा। ''आदम ही आदिम विद्रोही था—ऐसा तो कोई नहीं कहता।''

''मिल्टन तो कहता है''—सनातन आवेश में आ गए। ''उसके महाकाव्य की तो शुरुआत ही इसी लाइन से होती है— *'ऑफ मैन्स फर्स्ट डिस्ओबीडियंस'*—जिससे हमारे सनत्कुमार ने भी अपनी कविता की शुरुआत की है।''

''भाई साब!''—सनन्दन जो चुप बैठे थे अभी तक, अब अचानक मुखर हो उठे।...''इसमें विद्रोह करने की बात तो समझ में आती है। ज्ञान से ज़्यादा पवित्र और क्या है? मगर कैसा भगवान् है वह, जो अपनी सन्तान को ज्ञान

का फल चखने से रोकता है? 'आदम' ने नहीं माना वह हुक़्म और ज्ञान-फल चख लिया तो ठीक ही तो किया। और अगर उन्हें इसकी सज़ा दी गई तो वह 'न्याय नहीं, अन्याय ही हुआ।' तो बेशक यहाँ तो आदमी ने जो किया, उसे आप विद्रोह कहना चाहें तो कह सकते हैं। मगर हमारे ब्रह्माजी की कहानी में वैसा विद्रोह जैसा क्या है?"

"क्यों नहीं है?"—सनक बोले। "ब्रह्मा इस कहानी में एक डिक्टेटर तानाशाह ही नहीं तो क्या हैं? और सनक आदि ने उनका हुक्म मानने से सरासर इनकार किया—'वॉक आउट' कर गए वहाँ से, तो यह विद्रोह नहीं, तो क्या पितृभक्ति है? पितृभक्त होते तो हाथ बाँधकर खड़े रहते। उल्टा-सुल्टा जो भी हुक्म बाप देता उसे सिर झुकाकर बजा लाते।"

"भाई साहब!"—सनन्दन अपनी हँसी रोकते हुए बोले—पिता-पुत्र के बीच झगड़ा कहाँ नहीं होता? क्या ग़लत कहा उनके बेटों ने, कि 'पहले हमको बताओ तो सही हम कौन हैं, आप कौन हैं और यहाँ आपने हमको किस काम के लिए बुलाया है'? थोड़ा धीरज से काम लेते ब्रह्माजी, तो अच्छा रहता। यही कह देते कि 'बेटा, मैं भगवान् नहीं हूँ; मेरे सिर के ऊपर भी कोई है जिसने मुझे यह सृष्टि करने का काम सौंपा है। मैंने तो उनसे कभी कुछ नहीं पूछा, चुपचाप उनका हुक्म मान लिया। वैसे ही तुम भी क्यों नहीं करते? काम करते-करते ही तुम्हें तुम्हारे सवालों का जवाब मिलेगा। तो बेटा, बेफ़िक्र रहो और मेरा कहना मानो। अभी मैं तुम्हारे सवालों के चक्कर में पड़ जाऊँगा तो खामखा काम का हर्जा होगा।' नहीं मानी बेटों ने, तो उनको भी गुस्सा आ गया। आना ही था। सनत्कुमारजी की कहानी में तो लड़के चले ही जाते हैं; लौट के नहीं आते। मगर, क्या पता जो असली कहानी हो, उसमें ब्रह्माजी को बाद में पछतावा हुआ हो और उन्होंने वापस बुला लिया हो—माफ़ कर दिया हो बेटों को। आपने यह कहानी कहाँ से ली—सनतजी?"

सनत्कुमार चक्कर में पड़ गए। ..."सनातन जी से पूछो। उन्हीं ने सुनाई थी मुझे यह कहानी।"

"क्यों सनातन?"—सनक ने पूछा—"यह कहानी किस वेद या पुराण में मिली तुम्हें?"

अब चकराने की बारी सनातन की थी। "मेरा सोर्स भी सेकंडरी ही है। सनत को दी थी मैंने वह किताब। उसने पढ़ी है। तुम चाहो, तुम भी पढ़ लो।"

''चलो सेकंडरी ही सही। मगर कोई तो प्राइमरी सोर्स भी होगा। मुझे तो लगता है बिना किसी ठोस आधार के ऐसी कहानी कोई 'कोट' (उद्धृत) ही क्यों करेगा? आखिर कोई एक-दो नहीं, पूरे अठारह पुराण हैं। उनमें से किसी में कहीं तो होगी ही यह कथा। यूँ ही थोड़े ही अपने मन से उड़ा देगा कोई।''

सनातन मन ही मन मुस्कराए। ''चलो–सनक का कुछ तो हृदय परिवर्तन न सही, बुद्धि-परिवर्तन तो हुआ। कम से कम पुराणों को 'प्राइमरी सोर्स' तो मानने लगा है। नहीं तो, यह तो पुराण के नाम पर ही नाक-भौं सिकोड़ने लगता था।''

''मैं सहमत हूँ तुमसे। ज़रूर होगी ऐसी कोई कथा पुराणों में। मुझे इसकी भी खुशी है कि तुम इस कथा–नहीं इस कविता में–जो 'डिस्ओबीडियंस का–हुक्मउदूली का–मोटिफ़ (लक्ष्य) है, उसे इतनी सीरियसली ले रहे हो। सनत ने बहुत अच्छी तरह इस कहानी को नहीं, उसकी विषय-वस्तु को भी निभाया है।''

मारे उत्तेजना के सनक उठ खड़ा हुआ। ''अब मैं आता हूँ इस कविता के 'वीक प्वाइंट' पर। मेरी समझ में 'एंड' यानी अन्त इसका बहुत 'टेम' (नीरस) है। इतने जाँबाज़ विद्रोही–एक नहीं चार-चार, जो सबसे बड़ी सत्ता को उसके मुँह पर चैलेंज कर रहे हैं। तो क्या उनके इस 'आउट ऐंड आउट रेबेलियन' की ऐसी पालतू परिणति दिखाना ज़रूरी था? अब तुम कहोगे, मूल कथा ही ऐसी है तो मैं क्या करूँ?...पर यह कोई बचाव नहीं हो सकता। तुम क्या निरे अनुवादक हो? तुम तो क्रियेटर हो। प्रेरणा कहीं से मिली हो, इससे क्या? सुना, शेक्सपीयर का एक भी नाटक ऐसा नहीं, जिसकी कहानी उसने खुद लिखी हो। उसके सारे प्लॉट उधारी के हैं। मगर वह उनसे कहीं भी बँधा नहीं। तो तुम क्यों बँध गए? इसे कहते हैं–*'बिगिनिंग विद अ बैंग, एंड एंडिंग विद अ व्हिम्पर'...।*''

''क्या मतलब?''–सनन्दन ने टोका। ''ये लोग अंग्रेज़ी ठोके बिना कोई बात ही नहीं कर सकते क्या?''

''मतलब...एक धमाकेदार आरंभ का इतना रिरियाता हुआ अंत''–सनत्कुमार ने अनुवादक की भूमिका निभाई।

सनक फिर चालू हो गए। ''मैं पूछता हूँ...तुम्हें क्या जरूरत आ पड़ी थी अपने ऐसे दुद्धर्ष क्रांतिवीरों को एक गूँगी मूरत के सामने ढेर होते दिखाने

की? मौन व्याख्या!!! हुँह! ...व्हॉट अ सेल्फ़-कांट्रैडक्शन! अरे! व्याख्या होगी तो वह मौन कैसे होगी? कुछ तो जोरदार बहस करवाते तुम उन प्रथम विद्रोहियों की इस नए-नए 'गॉड' या 'फ्रॉड' से। ब्रह्मा की तरह उसे भी धूल चटा देते। नहीं तो, तुम कैसे जस्टिफाई करते हो, बताओ—अपने हीरो 'सनकादि' के ऐसे टेम सरेंडर को? गुड़गोबर करके धर दिया तुमने आखिर में। अभी भी कुछ नहीं बिगड़ा है सनत। थोड़ा सा 'एंड' भर बदल दो। यूँ कविता तुम्हारी 'ग्रेट' है अपने आप में। ए-वन।"

"आप भी तो कुछ बोलिए"—सनत ने सनातन की ओर देखा।

"मुझे भी कविता बहुत अच्छी लगी। मेरा बस इतना ही कहना है कि ब्रह्माजी का पक्ष भी थोड़ा उभर के आता कविता में, तो अच्छा रहता। ऐसा नहीं कि कवि ने वैसा संकेत नहीं किया है। किया तो है। मगर मुझे लगता है, ब्रह्मा इससे थोड़ी ज़्यादा 'पोएटिक जस्टिस' के हक़दार थे। मगर फिर हमारे सनकजी सनक जाते। क्यों सनक?"

सनक चुप रहा। इतने में सनन्दन बोल पड़ा—"पोएटिक जस्टिस क्या होती है भाई साब?"

"वही, जो मैंने कहा। कि, ब्रह्मा को जितनी मिली उससे थोड़ी ज़्यादा सहानुभूति मिलती"—सनातन ने कहा।

"मिली तो है"—सनन्दन ने कहा। "अक़्लमंद को इशारा काफी"।

"अच्छा,...तो हम सब बेवकूफ हैं?"—सनक से नहीं रहा गया।

"यह मैंने कब कहा?...कविता में यह भी तो लिखा है कि अचानक चाक चालू हो गया था और उसकी घरघराहट में कुछ का कुछ सुनाई पड़ा। क्यों भाई साब?"

इस पर सनत ही नहीं, तीनों श्रोता खिलखिला उठे। सनन्दन पहले तो थोड़ा हतप्रभ दिखाई दिये। पर फिर तुरंत चालू हो गए।

"आप...यह भी तो देखिए कि ब्रह्माजी ने आखिर कब इसकी शिकायत की कि उनकी पूजा क्यों नहीं होती? वो तो बेचारे, जो काम मिला उसी में मगन हैं। सृष्टा का पद कोई मामूली पद है क्या? और काम ही क्यों—अपना नाम तक भगवान् ने उन्हें दे दिया। आखिर ब्रह्म और ब्रह्मा के बीच बस एक मात्रा का ही तो फर्क है।"

"तुम ठीक कह रहे हो।" सनातन सहसा उत्तेजित हो गए। "वैसे भी, आखिर उपनिषदों में प्रजापति की इतनी महिमा क्यों है? ब्रह्म जैसी ही हैसियत

है ब्रह्मा की वहाँ। तभी तो सनत्कुमार ने अपनी कविता में उसका हवाला देना इतना ज़रूरी समझा।

''हाँ भई, वह 'दत्त, दम्यत...' वाला कोटेशन क्या है—मैं पूछना चाहता था।'' सनक ने कहा।

सनातन कुछ कहते इससे पहले ही सनत्कुमार ने बात को लपक लिया।

''बृहदारण्यक उपनिषद में आती है यह कथा। एक बार देव, असुर और मनुष्य तीनों प्रजापति ब्रह्मा के पास गए और उनसे प्रार्थना की कि आप हमारे पिता हैं—हमें उपदेश दीजिए कि हमें कैसे जीना है, क्या करना है? इस पर आसमान में बिजली कड़की और 'द' की ध्वनि निकली। वह दुनिया का सबसे संक्षिप्त और सबसे जबरदस्त धर्मादेश यानी कमांडमेंट था—जो— प्रजापति के द्वारा अपनी तीनों सन्तानों को दिया गया। अब देवता देवता हुए; मनुष्य, मनुष्य; और असुर, असुर। तो,...तीनों ने अपने-अपने स्वभाव के अनुसार उसका अर्थ लगाया। मनुष्यों को सुनाई दिया 'दत्त'—अर्थात् दो, देना सीखो। देवताओं को सुनाई दिया—'दम्यत'—अर्थात अपनी इच्छाओं पर नियंत्रण करना सीखो। और असुर चूँकि असाधारण शक्तिशाली होते हैं अतः उन्हें 'दयाध्वम्' सुनाई दिया—अर्थात अहिंसक बनो। करुणा सीखो।''

''दैट्स वेरी इन्टरेस्टिंग''—सनक कुमार बोले।

''आधुनिक युग की जो सबसे प्रसिद्ध कविता मानी जाती है 'दि वेस्टलैण्ड'—उसका समापन विश्वविख्यात कवि टी.एस.एलियट ने इसी उद्धरण से किया है''—सनातन बोले।

''समापन नहीं। समापन तो 'ओम् शान्तिः, शान्तिः, शान्तिः' से किया है। पर वह समूचा पाँचवाँ और अंतिम खंड इस काव्य का इसी प्रजापति वाली कथा पर आधारित है''—सनत्कुमार बोले।

''दैट्स वेरी इन्टरेस्टिंग''—सनक बोले—''सुनो, तुमने मेरी आलोचना का जवाब नहीं दिया। क्या तुम अपने अंत से संतुष्ट हो?''

''मेरा अंत?'' सनत्कुमार खिलखिला पड़े। टी.एस. इलियट की ही एक प्रसिद्ध काव्यपंक्ति है—उसी को दोहराता हूँ—'इन माइ बिगिनिंग इज माइ एंड'—अर्थात् मेरे प्रारंभ में ही मेरा अंत है।''

''मैं समझा नहीं''—सनक खीझ गया। ''तुमने मेरी बात को सीरियसली नहीं लिया। और अब तुम मज़ाक पर उतर आए हो।''

"क़तई नहीं। *आइ मीन व्हॉट आइ सें*"—सनत्कुमार ने प्रतिवाद किया। "मेरी कविता की शुरुआत मिल्टन की पंक्ति से होती है—आदमी की पहली हुक्मउदूली। फिर आता है कि नहीं, यह उस आदम की नहीं, हमारे सनातन-सनकादि की कथा है। कविता के समापन में भी दर्शाया गया है कि यह जो नाम मात्र की अवज्ञा थी सनकादि की, वह दरअसल अवज्ञा नहीं, सच्ची ब्रह्म-जिज्ञासा थी—जिसका समाधान ब्रह्मा के बस का नहीं था। जिसके बस का था उसका साक्षात्कार जब उन्हें अंततः हो गया और उसकी उस मौन व्याख्या से ब्रह्मतत्व स्वयं प्रकट हो गया तो वह जिज्ञासा भी तृप्त हो गई। बस, अब कहने को बचा क्या? कहानी खत्म और कविता भी ख़त्म।"

"यह तो कोई डिफेंस नहीं हुआ?"—सनक ने झुँझलाकर कहा—"इसीलिए कहते हैं कि कविता पर भरोसा करो, कवि पर नहीं।"

"क्या बात कही तुमने! साधुवाद इसके लिए। मैं पूरी तरह सहमत हूँ तुमसे। परंतु कवि को अपनी कविता को डिफेंड करने की ज़रूरत क्या है? डिफेंड किया जाता है थीसिस को। कविता क्या कोई थीसिस है? तुम्हारी आलोचना अपनी जगह है सनक, और सनत की कविता अपनी जगह है। सनत को अपनी कविता के समापन से कोई शिकायत नहीं है तो ठीक है। तुम्हें है, तो वह भी ठीक है। मुझे भी इस सिलसिले में कुछ कहना है। मगर उससे बात बहुत लम्बी खिंच जाएगी—और अभी उसके लिए वक्त नहीं है। फिर कभी सही। चलें अब, इस चोटी से उतरें और अपने घर का रुख करें। दिन ढलने तक पहुँच जाएँ तो अच्छा होगा।"

"ओके, ओके!"—सनक ने हथियार डाल दिए।

"अरे हाँ सनक भाईसाब"—सनन्दन अचानक बोल पड़े। "आप जो कह रहे थे कि ब्रह्माजी का कोई मंदिर क्यों नहीं है? तो, यह बात सही नहीं है। पुष्कर तीर्थ मैं खुद करके आया हूँ। ब्रह्माजी का ही मन्दिर है वो और उसका महातम किसी भी तीर्थ से कम नहीं है!"

"होगा, इससे क्या?"—सनक ने कंधे उचका दिये। "मैं तो पहली बार तुम्हारे ही मुँह से सुन रहा हूँ। किसी से भी पूछ लो तुम—किसी को पता नहीं होगा तुम्हारे इस पुष्कर-फुष्कर का। तुम्हारी बात और है। तुम्हारे लिए तो यह स्याहीदेवी और बानड़ीदेवी भी तीर्थ है।"

13

मगर...अब अचानक जाने क्या हुआ कि सनातन जो अभी तक कुछ खास हिस्सा नहीं ले पाए थे बातचीत में, नीचे उतरते हुए ऐसे चालू हुए कि थमने का नाम ही न लें। उतार में चढ़ाई से क्या कोई कम थकान लगती है? चारों के बीच एक सनन्दन ही तो साबुत हैं : बाकी तो तीनों की हालत खस्ता है। सनक और सनातन की तो खास तौर पर। कुछ लोग देरी से खुल पाते हैं। तत्काल रिएक्ट नहीं कर पाते। सनातन उन्हीं लोगों में आते हैं। अब जाके—जब सारा खेल ख़त्म हो चुका—उन्हें नये-नये दाँव सूझ रहे हैं।

"एक बात जिसकी ओर और किसी का नहीं, सिर्फ तुम्हारा ध्यान गया—और जो मूल बात है मेरी समझ से, वह यह है कि ब्रह्माजी सिर्फ सृष्टि ही नहीं, ध्यान भी करना चाहते थे। मगर काम का बोझ इतना था कि फुर्सत ही नहीं मिलती थी ध्यान में बैठने की।"

"साफ तो लिखा है सनत्कुमारजी ने अपनी कविता में। इसीलिए तो उन्होंने सनकादि को पैदा किया था कि ये लोग उनके काम में हाथ बँटाएँगे, तो उन्हें अपने सरूप का ध्यान करने की मोहलत तो मिलेगी जो अभी उन्हें बिलकुल नहीं मिल रही है।"

"बिलकुल ठीक सनन्दन। तुमने भी क्या बात पकड़ी! इसका मतलब क्या निकला? इसका मतलब यही निकला कि ब्रह्म ही ब्रह्माजी का असली स्वरूप हैं। और ब्रह्मा जो हैं वह ब्रह्म का ही वह ऐक्टिव पक्ष या अंश है जिसे सृजन करने में रस आता है। यानी, उनका एक अंश तो बहिर्मुख-सृजनशील है और दूसरा अन्तर्मुख यानी, ब्रह्मध्यानी है। क्या हम सभी के साथ ऐसा ही नहीं है?"

"बिलकुल"—सनन्दन बीच में ही बोल पड़े। "आधे समय हम जगे रहते हैं और आधे समय सोए। बल्कि जागृत अवस्था में भी हम पूरी तरह जागृत मुश्किल से ही कभी-कभार ही होते हैं।"

"तो...जो जीव के बारे में सच है, वह ब्रह्मा के बारे में भी सच होना चाहिए। है कि नहीं? सच नहीं है तो 'अहं ब्रह्मास्मि' कहाँ से आया?"

"...मगर भाई साब, दुनिया में तो यही देखने में आता है कि जिनका ध्यान-भजन में मन रमता है सचमुच, वे कुछ बनाने या करने के चक्कर में नहीं पड़ते। चक्कर में क्या, उनको कुछ बनाना-करना आता भी नहीं उस तरह। वो एक अलग ही कला है जो सबमें नहीं होती। जैसे कि, ध्यान भी सबको नहीं होता। खाली नाक बंद कर लेने और पालथी लगाने से थोड़े ही ध्यान हो जाता है!"

इस पर सनातन जोर से हँस पड़े। "इसीलिए तो, ब्रह्माजी की जो दूसरी ज़रूरत है कुछ बनाने-करने के अलावा, वह ज़रूरत है स्वरूप-ध्यान की। मगर उसके लिए भी उतनी ही फुरसत चाहिए जितनी हाथी-घोड़े या आदमी बनाने के लिए। तो, बेचारे कहाँ से लाएँ उतनी फुर्सत? इसीलिए उन्होंने सनकादि उपजाए, जो बाँट लें उनका काम; और छुट्टी दे दें उन्हें बीच-बीच में— जब चाहें—स्वरूप-ध्यान करने की।

"परन्तु...यहीं उनसे चूक हो गई। ठीक ही तो कहलवाया है सनत ने उन लड़कों से ब्रह्माजी को,—कि 'चुप क्यों बैठे हो? हमने जो सवाल पूछे हैं, उनका जवाब क्यों नहीं देते?' क्या बिगड़ जाता उनका—अगर कह देते साफ़-साफ़, कि बेटा, तुम्हारे सवालों का जवाब देना—तुम्हें संतुष्ट करना मेरे बस की बात नहीं है। अरे, जब मुझी को पता नहीं कि मैं कौन हूँ, तो तुम्हें कैसे बता दूँ कि तुम कौन हो? अपने स्वरूप की खोज तो हर जीवात्मा को खुद ही करनी पड़ती है बेटा जी। मुझी को देख लो—जो काम मुझे सौंपा गया है, जिसे करने की क्षमता मुझी में है—उसी को करते हुए ही तो मुझे अपना स्वरूप खोजने का यत्न भी करना है। थोड़ी फुरसत मिल जाती—तो अच्छा होता—यही सोचके मैंने तुम्हें अपना हाथ बँटाने को बुलाया था। और...बेटा, उन्होंने मुझे यह कुम्हारी का काम सौंपा तो इसका मतलब यह थोड़े ही है कि मुझे उनका उद्‌देश्य और प्रयोजन भी मालूम है ही। वह तो मुझे काम करते-करते ही पता चलेगा ना? काम करते-करते ही तो काम क्या

है, क्यों है, इसका पता चलता है। बेटा जी, अभी अभी तो मैंने इस काम में हाथ लगाया है, कितना वक्त तो मुझे कायदे की मिट्‌टी खोजने और उस मिट्‌टी को तैयार करने में ही लग गया। तो मैं पहले से कैसे जान लूँगा कि मेरी इस सृष्टि में क्या-क्या होना है और कैसे–क्यों होना है। तुम तो इसमें अभी पड़े नहीं बिलकुल भी। सच मानो, मैं तुमसे कुछ भी नहीं छुपा रहा हूँ। मुझे सचमुच कुछ पता नहीं। इसीलिए तो तुम्हारे सवालों ने मुझे हड़बड़ा दिया है–चक्कर में डाल दिया है। तुम्हीं सोचो बेटा, चाक चलाने वाला अगर खुद ही चक्कर में पड़ जाए तो उसकी सृष्टि का क्या होगा?

"अब...यूँ तो मैं तुम्हारा बाप ही ठहरा। तुम्हारा मुँह बंद करने को मैं कुछ भी बक दूँ, तुम उसी को सच मान लोगे। मेरा पिंड भी छूटेगा। मगर बेटा...अपनी सृष्टि का–इस पावन यज्ञ का–शुभारंभ ही मैं झूठ बोलकर करूँ–क्या यह मुझे शोभा देगा? मेरी मज़बूरी तो समझो।...मुझे तुम्हारा कुतूहल नहीं, तुम्हारा सहयोग चाहिए–समझे?..."

एकाएक सनन्दन अधीर हो उठे। बीच में टोकना अच्छा तो नहीं लगता। मगर...

"भाई साब,... मैं तो समझ रहा था ये लोग पीछे छूट गए हैं। मगर वे दोनों तो, वो देखिए, वहाँ नीचे पहुँच कर गाड़ी में बैठ भी गए हैं और हमारा इंतज़ार कर रहे हैं। दोनों हमें कोस रहे होंगे कि ये लोग कहाँ रह गए?"

"छोड़ो उनको"–सनातन को बीच में टोका जाना अखर गया। सनन्दन ने इसे भाँपते हुए उन्हीं की बात का सिरा पकड़ लिया।

"यह भी कहा होगा ब्रह्माजी ने उनसे कि, इसका भी क्या भरोसा कि जो भी जवाब मैं तुम्हें दूँगा–उससे तुम संतुष्ट हो ही जाओगे। तुम कोई नर्सरी स्कूल के बच्चे तो हो नहीं जिन्हें कोई कैसे भी धका ले जाएगा।"

"बिलकुल"–सनातन अपनी रौ में बोलते गए। "यह भी, कि तुम्हारे सवालों के चक्कर में मैं एक बार जहाँ पड़ा कि सृष्टि-वृष्टि सब धरी रह जाएगी। तुम्हारी छूत मुझे भी लग जाएगी। मैं भी मज़ा लेने लगूँगा...और इस तरह न केवल अपने कर्तव्य से चूकूँगा, बल्कि अपना सहज कर्मकौशल भी भूल जाऊँगा। मेरी बुद्धि भ्रमित हो जायगी–सहज आत्मविश्वास भी मेरा गड़बड़ा जाएगा। ऐसा जोखिम मैं कतई नहीं उठा सकता। तुम अभी अपना कौतूहल अपने पास ही रखो। अप्रेंटिस हो, तो अप्रेंटिस की तरह ही रहो।"

"मगर ब्रह्मा यह सब कुछ भी नहीं कह पाए"—सनन्दन ने टेक दी सनातन को।

"हाँ। पता नहीं उन्हें क्या हो गया। अब पिता तो पिता ही ठहरा। ऐसी गूँगों-बहरों जैसी हालत में वह और क्या करेगा? वही करेगा जो ब्रह्माजी कर बैठे?"

"मगर...हो सकता है, उन्हें तुरंत बाद में पछतावा हुआ हो और अपना रस्टिकेशन आर्डर वापस लेने को भी तैयार हो गए हों।"

"हाँ, मगर तब तक बहुत देर हो चुकी थी। 'अब पछताए क्या होत है जब चिड़िया चुग गई खेत'...।"

"खेत तो खैर क्या चुगते वे पंछी"—सनातन ने हँसते हुए कहा—"खेत तो ज्यूँ का त्यूँ रहा। और ब्रह्माजी ने उसकी भी मिट्टी खोद के अपने चाक पर थोप ली होगी।"

"और...उधर वे आज़ाद पंछी—जिनकी आज़ाद तबीयत से—सच पूछा जाय तो उन चाक-चौबन्द ब्रह्माजी को भी जलन ही हुई होगी उस वक्त, कि देखो—मैं तो यहाँ कब से इस काल-कोठरी की चक्की पीस रहा हूँ और... उधर ये शैतान पैदा होते ही मुक्ति का स्वाद चख चुके।"

"हाँ, तो...वे सनातन-सनकादि अपने पिता के निष्कासन-आदेश को वरदान की तरह शिरोधार्य करते हुए उत्तर दिशा की ओर चल दिये। 'हम स्वयं खोजेंगे अपने प्रश्नों के उत्तर। स्वयं पहुँचेंगे अपने बल-बूते पर, इस सृष्टि के—सब-कुछ के—असली उद्गम तक'।...पता नहीं, कैसे उनको यह इलहाम हो गया कि अपने को उत्तर दिशा ही पकड़नी है। पूरब-पश्चिम के चक्कर में नहीं पड़ना है। उनका यह 'इंट्यूशन' एकदम चौकस साबित हुआ। सीधे सुमेरू पर्वत जा पहुँचे जो हमारे सारे पुराणों का भी मूल पुराण है। दूर से ही एक अद्भुत अनिर्वचनीय दिव्य गंध उनके नासापुटों में भर गई। अहा हा! दिव्यलोक और किसे कहते हैं! यही तो है वह दिव्य लोक साक्षात्!!!"

और...तभी वह दृश्य उजागर हुआ जिससे उनका रोम-रोम पुलकित हो गया। अरे, पिताजी से भी अनंतगुणा भव्य और देदीप्यमान यह चिर युवा मोहनी मूरत कौन हैं?...अरे रे! यह क्या? हमको यह क्या हो रहा है? हमारे सारे प्रश्न कहाँ बिला गए? कैसा दिव्य संगीत है यह? कहाँ से आ रहा है? यहाँ तो कोई गाने-बजाने वाला भी नहीं दीखता।

नहीं। अब हमें कहीं नहीं जाना। हम तो यहीं लोटेंगे। यह सपना नहीं, सत्य है। पहला और आखिरी सत्य इस चराचर सृष्टि का।

"और...ये सारे ऋषिगण, ये चराचर जीव...टकटकी लगाए जिस मूरत को निहार रहे हैं, उनके तो ओंठ ही नहीं हिल रहे हैं...वे तो मौन-समाधिस्थ हैं और आँखें उनकी खुली हैं।...फिर भी...हमीं को देख रहे हैं, हमीं को सम्बोधित कर रहे हैं। ओ दिव्य मुखर मौन! क्या तुम्हीं हो हमारे सारे प्रश्नों के उत्तर? हम कृतकृत्य हुए प्रभु! हम धन्य हुए। हमें अब कुछ भी नहीं चाहिये। कुछ भी।"

~

गाड़ी अनंतपुर की दिशा में बढ़ी जा रही है। सनक सारथी हैं। बगल में सनत्कुमार जमे हुए हैं। खिड़की से पल-पल बदलते दृश्यों को निहारने में तल्लीन। पीछे की सीट पर सनन्दन ऊँघ रहे हैं। उनकी आँखें मुँदी जा रही हैं। और... सनातन...? वे क्या कर रहे हैं? किस सोच में पड़े हैं? कोई भी कुछ भी नहीं बोल रहा है। कौन सोचेगा इनको देखकर, कि यही लोग अभी-अभी कितने मुखर थे! कितनी धमाल मचाये हुए थे! ...अरे, इतना जमके खाए-पिये हैं। लुढ़केंगे नहीं तो क्या करेंगे?

सनातन भी चुप हैं। वे कुछ देख भी नहीं रहे हैं। नहीं, उनकी आँखें तो मुँदी नहीं, खुली हैं। कुछ बुदबुदा रहे हैं क्या? किससे? अपने-आप से? क्या उनका स्वगत-भाषण अभी भी जारी है?

कोई नहीं सुन रहा। परंतु उन्हें किसी श्रोता की दरकार ही कहाँ है? उन्हें, यानी उनके आत्मालाप को?

~

अब साहब,...उन कमबख्तों की किस्मत तो देखिए। आज तक के आदमी के कुल जमा इतिहास में—बल्कि सृष्टि जब से शुरू हुई—बाइबिल की सृष्टि नहीं, ...आदम की भी नहीं,...अनादि-अनन्त सृष्टि के अनादि-अनन्त इतिहास में...क्या कभी किसी विद्रोही को—(नहीं भइया, मिल्टन को ही मुबारक हो यह 'विद्रोही')—क्या किसी प्रश्न पूछने वाले को अपनी प्रश्नाकुलता का ऐसा अद्भुत पुरस्कार मिला होगा? जैसा चतुर्मुख ब्रह्माजी के उन चारों पुत्रों को मिला? पता नहीं क्या सोच के मेरे पिता ने मेरा नाम सनातन रखा होगा। 'स' से सनातन ही क्यों, दसियों नाम हो सकते थे। बेशक यह उन्हीं की सूझ

रही होगी। और इसमें उस तरह के अनर्थ की भी संभावना नहीं थी, जैसी 'शंकर' में थी। वर्णसंकर बना दिया था, मुझे उन दुष्टों ने। हालांकि विदेश में रहते हुए भी—मुझे अच्छी तरह याद है—इस 'सनातन' नाम की भी कुशल तो विपरीत ही रही आई। 'सनातन' का सही उच्चारण तो किसी से बनता ही नहीं था वहाँ। 'सैनेटन', 'सेंटन', यहाँ तक कि 'सैटन' तक बन चुका हूँ मैं—जाने कितनी विदेशी जिह्वाओं पर!

सनातन और विद्रोही!!...क्या ही जोड़ी मिलाई इस सनत, नहीं सनक ने। शुरू में तो मुझे बहुत हँसी ही आई थी जब मुझे यह कहानी पढ़ने को मिली। किसी पुराण में नहीं, बल्कि उस छोटी सी किताब में, जिसका नाम *'दि डिवाइन मास्टर'* है और जो दरअसल दक्षिणामूर्ति की ही स्तुति में रचे गए एक स्तोत्र की ही व्याख्या है। 'मन्त्रार्णवस्तोत्र' की।

इसे कहते हैं चमत्कार। भला ऐसी किताबों में मुझे क्या दिलचस्पी होती! अपने समूचे वयस्क जीवन के दौरान मेरा धार्मिक पुस्तकों से कभी कोई लेना-देना नहीं रहा। क्यों रहता भला? आखिर मैंने भी तो विद्रोह किया था। पक्का-पूरा बदला ले लिया था अपनी समझ से तो मैंने अपने बचपन से और अपने पिता से।

तभी तो मेरा बचपन-लड़कपन मुझे किसी पूर्वजन्म से भी ज़्यादा दूर और अवास्तविक लगने लगा था—अभी कुछ ही बरस पहले तक।

क्या ही अजीब संयोग था मेरा माउंट आबू में उन महात्मा से मिलना और वह पतली सी किताब और उसी के साथ उन्हीं की लिखी वह दूसरी किताब *'पोर्ट्रेट आफ़ दि गुरु'* का भी मेरे हाथ लग जाना! फिर तो जैसे भूचाल ही आ गया। इस तरह जो सैंकड़ों मील नीचे पाताल में गड़ा पड़ा था, वह सारा का सारा उबल-उफन कर ऊपर को आ गया और जो ऊपर था, वह नीचे चला गया। जैसा उस माउंट आबू के साथ हुआ होगा। बिलकुल वैसा ही। पूरा-समूचा लावे से ही तो बना है माउंट आबू। इसीलिए तो अर्बुदगिरि कहलाया।

14

पूरा पखवाड़ा बीत गया— सनन्दन नहीं दीखा। दीखता कैसे? सनत ने बताया तो था कि उसका बेटा, जो दिल्ली में कहीं बहुत अच्छी नौकरी पर था, अचानक एक कार-एक्सीडेंट में बुरी तरह घायल होकर अस्पताल में पड़ा है और बचने की आशा बहुत कम है। कोई खोज खबर भी ली सनातन ने इतने दिन तक उसकी? क्या उन्हें पता भी है कि अस्पताल ले जाने की तो नौबत ही नहीं आई थी और वहीं दिल्ली में ही अंतिम संस्कार भी निबटा कर सनन्दन लौट आया है अपनी पत्नी को वहीं बहू के पास छोड़कर।

अब जब यह समाचार जगजाहिर हो गया है तो भी सनातन सनन्दन के यहाँ जाना रोज़ टालते जा रहे हैं। उन्हें सनत का साथ चाहिए और सनत गया है पूना किसी कॉन्फ्रेंस में भाग लेने।...आता ही होगा आज-कल में। हिम्मत ही नहीं होती सनातन की अकेले सनन्दन का सामना करने की। क्या कहेंगे उससे वे? कैसे धीर बँधायेंगे उसे? सनातन तो बस नाम भर के सयाने हैं। लोकाचार तक नहीं निभता उनसे। परन्तु,...बात लोकाचार निभाने की नहीं है—कदापि नहीं।

उन्हें शर्म आती है अपने ऊपर। असह्य ग्लानि से छटपटा रहे हैं जब से। यह स्नायु-दौर्बल्य नहीं तो, और क्या है? सनन्दन के पिता और सनातन के पिता साथ-साथ एक ही स्कूल में पढ़े थे। बहुत गाढ़ी अंतरंगता थी दोनों में—ऐसी, जैसी फिर किसी और के साथ नहीं देखी। छोटी सी दूकान थी उनकी दूध-जलेबी की। खूब खाने को मिलती थी जब भी सनन्दन के बड़े भाई केदार के साथ उस तरफ़ जाना होता था सनातन का। कैसा ग़ज़ब का खिलाड़ी था केदार हॉकी का? कितनी अल्पायु में ही चला गया! कैंसर हो गया था

उसे। तीस बरस बीत चुके उस घटना को। तो क्या सनातन अभी तक नहीं उबर पाए उससे? अब केदार से भी जवान लड़का सनन्दन का—इतना प्रतिभाशाली—जिस पर पूरे शहर को गर्व था और जिसने अपने जीवन की अभी शुरुआत भर की थी—उसी के साथ ऐसी दुर्घटना घटनी थी? क्यों, आखिर क्यों?

सनातन अपनी डेस्क पर माथा टिकाए बैठे हैं। अँधेरा है कमरे में। रोशनी तक किये बिना वे किस सोच में पड़े हैं?...क्यों ऐसी घटनाएँ उन्हें जड़-मूल से हिला डालती हैं और वे भीतर ही भीतर गुम हो जाते हैं—कुछ सोचते करते नहीं बनता। अरे, दुर्घटनाएँ तो हर पल, हर छिन घट रही हैं। इतनी बड़ी दुनिया में कहाँ-कहाँ...क्या-क्या...किस किसके साथ घट रहा है—क्या तुम जानते हो? जान सकते हो? और क्या वे सारी घटनाएँ तुम्हारे सरीखे ही तन-मन-प्राण वाले मनुष्यों के साथ ही नहीं घट रही हैं हर पल? मृत्यु का ताण्डव-नृत्य तो हर पल, हर छिन और हर कहीं चलता आ रहा है। तुम्हारे हाथ में क्या है? तुम्हारे हाथ में तो तुम्हारा अपना जीवन भी नहीं है, तुम्हारा अपना मन भी नहीं है। क्या अर्थ है ऐसे जीवन का? ऐब्सर्ड! निहायत ऐब्सर्ड!

इस सबके बावजूद आखिर यह सनातन नाम का मानव जीव ही न है जो अपने समूचे अन्तःकरण से यह विश्वास करना चाहता है कि जीवन एक अलभ्य वरदान है, अखंड सौभाग्य है। क्यों? आखिर कहाँ से, किस कोने से उमड़ के आता है यह विश्वास? यदि इस अनन्तरमणीय प्रकृति से, और इसकी गोद में खिलती-खेलती इस अनन्त वैविध्यमयी सृष्टि से ही नहीं तो? मनुष्य तो मनुष्य, पेड़-पौधों और कीड़े-मकौड़ों तक का सौंदर्य इस पर्यावरण-विज्ञानी को, इस पगले—सचमुच ही पगले—सनातन को हमेशा आश्चर्यचकित और अभिभूत कर देता है—रुला डालने की हद तक! कहाँ से उपजता है यह अथाह बेपनाह सौंदर्य—यदि इसी मिट्टी और इसी सूरज से नहीं, तो?

यदि सब कुछ में—हर चीज़ में—अपनी ही एक अनोखी लय है और अपना ही एक अनोखा स्पन्दन है तो निरर्थक कैसे हो सकती है यह सृष्टि और इसका जीवन?

सनन्दन के पिता भी तो वैसे ही, उतने ही साधु चरित्र थे, वैसे ही सत्संगी और संगीतप्रेमी जैसे सनातन के पिता। तभी तो गहरी छनती थी दोनों में। दूध जलेबी बेचकर ही सही, घर तो चला ही लेते थे न! उनके बच्चों को

कम से कम दूसरों के आसरे तो नहीं पलना पड़ा। ऐसे संत पिता के ऐसे महाप्रतिभाशाली लड़के के साथ ही नियति को इतना क्रूर क्यों होना था? केदार जैसा खिलाड़ी न तो हमारे पूरे प्रदेश में कभी हुआ, न कभी होगा। जादूगर था वह, जादूगर कलाकार। शिखर पर पहुँचा ही था कि...कैंसर खा गया उसे।

और...अब यह सनन्दन! बिलकुल अपने पिता की प्रतिमूर्ति! हालांकि अपने व्यवसाय में उनसे ज़्यादा सफल। परंतु भाग्य तो देखो इसका! कितना प्रतिभाशाली लड़का था इसका—आइ.आइ.टी.टॉपर। कितना सुशील, विनम्र, जैसा कि लाखों में कोई एक होता होगा तो होता होगा। और कोई नहीं मिला मौत को—इस तरह झपट्टा मारने के लिए? कैसे क्या धीर बँधाए सनातन अपने से दस बरस छोटे सनन्दन को?...ऐसा दुर्भाग्य—अतल-अछोर ... जिसकी कहीं कोई क्षतिपूर्ति नहीं। खुद को धीर बँधे तभी न दूसरे को धीर बँधाएँ?... और वह दूसरा दूसरा भी कहाँ है? जो सगों का भी सगा है, उससे 'दूसरे' की तरह कैसे पेश आएँ? क्या कहें उससे?

~

सब बेकार की बहानेबाजी है। अपने स्नायु-दौर्बल्य को, हृदय-दौर्बल्य को बहलाने, और जो तुम्हारा तात्कालिक कर्तव्य है, उससे मुँह मोड़ने-कतराते रहने—की चाल...। नहीं?

~

ज़रा देखो तो सही इस सनातन को—यह कर क्या रहा है? क्यों इस सुनसान कोठरी में डेस्क पर माथा टिकाए बैठा है? साँझ हो आई—इसने कमरे में रोशनी तक नहीं की—इस घुप्प अँधेरे में यह कर क्या रहा है? अरे...इसकी पीठ क्यों हिल रही है रह-रहकर—इसे हो क्या गया है? किसके लिए रो रहा है यह? किसके लिए बिलख रहा है? रोना ही था तो सनन्दन के यहाँ जाकर रोता। अकेले चुपचाप अपनी कोठरी में बिलखते रहने का क्या मतलब है?

~

उसे छोड़ दो इसी तरह अकेला अपने साथ। वह जो है, वही हो सकता है—उसे होने दो। हो सकता है अभी कुछ देर बाद वह किसी सूनी सड़क पर टहलता मिले। या फिर यहीं इसी डेस्क के सामने पालथी मारे...ध्यानमग्न।

~

यह क्या हो रहा है? सनातन के साथ यह क्या हो रहा है, जिसमें यह घर,

यह बाजार...यह सारा कलह-कोलाहल...सब कुछ एकबारगी बिला जाता है—जिसमें यह किसी भी तरह काबू में न आने वाला हाहाकार भी चुप हो जाता है...मन समेत...। तब सनातन कहाँ होते हैं? क्या हो जाता है उनको?

यह क्या सनातन नहीं? या कि यही सनातन हैं?...यह जो सूक्ष्मातिसूक्ष्म स्पन्दन कहो, तरंग कहो, परमाणु कहो, कुछ भी कहो...उनके मस्तक को भेदकर उनके समूचे शरीर के पोर-पोर में रचे जा रहे हैं, यह क्या है? यह आदमी,... जिसे हमने अभी-अभी नितान्त मूरखों-अज्ञानियों की तरह, डरे हुए बच्चों की तरह सिसकते-बिलखते सुना था...अभी कुछ ही देर पहले...यह वही आदमी कैसे हो सकता है? न कभी किसी से दीक्षा ली, न मंत्र पाया,...महज़ दो-चार किताबें भर पढ़ लेने से क्या कोई योगी हो जाता है?...

फिर भी...यह जो असंभव है—तुम्हारे जाने-पहचाने देह-मन-प्राण के किसी भी अनुभव से ज़्यादा तात्कालिक-प्रत्यक्ष,...और सब कुछ को बहा ले जाने वाला, डुबा देने वाला...यह क्या है?

सनातन ने कभी कृष्णमूर्ति की एक जीवनी में पढ़ा था। क्या? जिसे पढ़ते हुए भी उनको इसी तरह रोना आ गया था? कृष्णमूर्ति ने एक वृद्धा का फ्रैक्चर तत्काल अपने हाथ के स्पर्श से ही ठीक कर दिया था और तब बच्चों की तरह खुश उनके मुँह से अनायास ही निकल पड़ा था—"आई हैव हीलिंग हैण्ड्स"...। मगर, फिर तुरंत ही उन्होंने यह भी तो कहा था —क्या? कि "...इसका कोई अर्थ नहीं—अचानक हो गया यह...इससे मेरा कुछ लेना-देना नहीं।"

हाँ—यह सर्वथा स्वाभाविक और सर्वथा सनातन सत्य है कि ऐसी 'हीलिंग हैण्ड्स' की सिद्धि मिल भी जाए तो सिद्ध पुरुष उसका प्रयोग करने से भरपूर परहेज़ बरतेगा। तभी न सारे शास्त्रों में सिद्धियों को न केवल बिलकुल महत्त्व नहीं दिया गया बल्कि उन्हें निरर्थक-विघ्न-विक्षेप मानकर चेतावनी भी दी गई है कि ख़बरदार—कभी भूलकर भी इनके चक्कर में मत पड़ना। नहीं तो सारी तपस्या भंग हो जायगी और फिर से 'ज़ीरो' से शुरू करना पड़ेगा।

मन होता है...कई बार हुआ है ऐसा, कि जब भी वह जगत्‌साक्षिणी माँ उनके मस्तक को स्पर्श करती हुई उनके भीतर उतरी हैं,...मन होता है कि वे दौड़कर उतर जाएँ नीचे बाज़ार में—हर आते-जाते को गले लगा लें...

~

और कहें—अरे, तुम कैसे भूल गए क्यों भूल गए, तुम कौन हो!... तुम नर ही नहीं, नारायण भी हो—तुममें नारायण का ही अंश है। देखो यह जगदम्बा मुझसे क्या कह रही हैं—यह मेरी जन्मदात्री माँ जैसी ही जगतसाक्षिणी माँ,...जो ब्रह्मा से लगाकर चींटी पर्यन्त सबमें पिरोई हुई हैं...सब में रची हुई हैं...तुम बुलाओ तो सही इसे, आवाहन तो करो इसका...यह तुमसे भी ऐसे ही बात करेगी...जैसे मुझसे कर रही है।...

जैसे उससे करती थी जो उससे कहता था—"माँ यह क्या हो गया?...तेरे रहते यह किसने मुझ पर डाका डाल दिया?" क्या माँ ने नहीं सुना होगा उसका उलाहना? फिर क्यों नहीं उसे छुटकारा दिलाया उस असह्य यंत्रणा से? वह जो धरती पर चलता-फिरता साक्षात विग्रह था भगवान् का...साक्षात् रामकृष्ण था! परमहंस!

क्या-क्या नहीं भुगता भगवान् जिसे कहते हो, उसने तक—इस मनुष्य देह में जन्म लेकर...? उसके नाना अवतारों ने?

तू किस 'हीलिंग हैंण्ड' की बात कर रहा है अभागे?

और...यह हीलिंग हैण्ड ही नहीं है तो फिर क्या है—उस जगतसाक्षिणी माँ का—जिसे तू अपने मस्तक पर, छाती पर, ऊपर नीचे, आगे-पीछे, हर तरफ़ हर जगह महसूस कर रहा है?...

चुप हो जा सनातन! इस तरह कलपने से, बिलखने से कोई लाभ नहीं। यह दुनिया तेरे रोने-बिलखने से बदलने वाली नहीं है। या तो सब कुछ बदलेगा या फिर कुछ भी नहीं। तेरे हाथ में क्या है?...सिवा इसके, कि तू अपने को बदल। अपने को ज़ीरो बना।

तुझे बदलने को ही तो यह जगत्साक्षिणी माँ तुझमें उतर रही है। जो तेरी जन्मदात्री माँ की तरह ही प्रत्यक्ष तेरा स्पर्श कर रही है। तू ही तो कहता था—नहीं कहता था—कि तेरी माँ तेरे लिए कल्पवृक्ष के समान थी? तो फिर यह माँ क्या है? जो सिर्फ तेरी नहीं, सबकी, सब कुछ की—ब्रह्मा से चींटी पर्यन्त इस चराचर जगत् की माँ है।

"जागृत स्वप्न सुषुप्तिषु स्फुटतरा या संविदुज्जृंभते
या ब्रह्मादिपिपीलिकान्ततनुषु प्रोता जगत्साक्षिणी
सैवाऽहं..."

15

"इतना ही अन्न-जल रहा होगा उसका हमारे साथ"...

"किसके लिए रोऊँ भाई साहब? उस जीवात्मा के लिए, जिसकी जन्म-जन्मान्तर की यात्रा का एक पड़ाव यह भी था? मैं तो यही मान के अपना मन समझाता हूँ भइया, कि अपनी मुक्ति की राह में वह एक और पड़ाव पार कर गया। हमारा पुण्य इतना ही था भइया, इतना ही साथ बदा था हमारा—उसका। मैं तो यही समझता हूँ भइया और यही उसकी माँ को भी समझाता हूँ।"

~

... मैं उसे देखता ही रह गया। जैसे पहली बार उसे देख रहा हूँ, पहली बार उसे पहचान रहा हूँ। अभी तक जिस सनन्दन को मैं जानता था—क्या वह यही था? नहीं, यह तो वो नहीं है। नहीं! है तो वही, मगर मैं ही उसे नहीं पहचान पाया कभी।

मैं उसे देखता रहा और तब अचानक मेरे भीतर तूफान सा उठा।... मुझसे दस साल छोटा यह सनन्दन।...और, इसके सामने मैं कितना कच्चा हूँ, कितना कमज़ोर!...

बमुश्किल काबू में किया अपने को मैंने। उसके चेहरे पर से अपनी आँखें हटा ही नहीं पा रहा था मैं,...और तब अचानक उसमें मुझे अपने पिता का चेहरा उभरता दिखाई पड़ा...और वह श्लोक,...जो उन बंगाली महात्मा के मुख से सुना था...

यास्मिन्स्थितो न दुःखेन गुरुणाऽपि विचाल्यते॥*

तूफान फिर घिर आया। पर फिर तुरंत तत्काल ऐसी निःस्तब्धता, जैसी आँधी-तूफान के बाद ही आती है। यह कौन है मेरे सामने बैठा? ... यह अपना सनन्दन तो नहीं है; यह तो स्थितप्रज्ञ है—चलता-फिरता श्लोक गीता का! ...

कैसा था वह क्षण?...पर वह क्षण भी बीत गया और अकस्मात् मैंने जैसे किसी और को अपने मुँह से बोलते सुना—

"नन्दू! मुझे माफ़ करना।...मैंने कितने दिन लगा दिए तुम्हारे पास पहुँचने में। मुझे हिम्मत ही नहीं हुई—मुझे जाने क्या हो गया था नन्दू।"

मेरी आवाज़ से उसे जाने क्या लगा होगा कि वह अपनी जगह से उठा और मेरी बग़ल में बैठकर मेरा हाथ अपने हाथों में ले लिया।

"भइया, आप तो लगातार मेरे पास ही थे। मैं बराबर महसूस कर रहा था आपको अपने पास।...सब राख है भइया।...ये रिश्ते-नाते, ये लोकाचार... सब राख की ढेरी है। जीवन-मरण सब एक ही है भइया, न कोई मरता है, न कोई जनमता है। फिर भी सब कुछ जलता रहता है रात दिन...सब कुछ भस्म होता रहता है।

क्या यही थे उसके शब्द? यह वह कह रहा था या मैं?...

नहीं! कह तो वही रहा था। कह क्या रहा था—मुझे धीरज बँधा रहा था। जिस धीरज की ज़रूरत उससे ज़्यादा मुझे थी।

जबकि...मैं गया था उसके पास—मातमपुर्सी करने। मैं, जो अपनी जन्मदात्री माँ के अंतिम दर्शन भी नहीं कर सका।...मैं, जो उसकी अन्त्येष्टि में भी उपस्थित नहीं हो सका। उसे तो पता था—उसका अंतिम समय आ गया है। फिर उसने क्यों मेरे छोटे भाई से कहा—उसे कुछ मत बताओ। "उसे अभी मत बुलाओ।"

क्यों?

क्योंकि, उसे मालूम था मैं क्या हूँ? उसे मालूम था कि उसकी सत्ता मेरे लिए मेरी नस-नाड़ियों के भीतर ही रची हुई है : फिर भी आँख सामने उसकी बिदाई मैं झेल नहीं सकूँगा।

---

* जहाँ पहुँच जाने के बाद कैसा भी दुख मनुष्य को विचलित नहीं कर सकता।" (गीता ॥6॥ 22)

वह मेरा रक्षा-कवच जो थीं।

क्या वह मेरा यह विश्वास बचाए रखना चाहती थी कि वह मुझे अकेला छोड़कर कहीं जा नहीं सकती; कि, वह अब भी मेरे आस-पास ही है—यहीं—इसी कोठरी में। इसी पटिये से पीठ टिकाए...और...अजर-अमर?

पर...उसी ने यह भी तो कहा था...कब? जब मैं पहली बार उसके दायरे से छिटक कर अपनी ज़िद ठाने अपने ही बूते लखनऊ जा रहा था। उसने कहा था—"विद्या माता तेरी रक्षा करेगी"।

विद्या माता?

जैसे, कि मैं एक धरोहर था उसके पास—जिसकी रक्षा उसे करनी थी हर हाल में—सारी दुनिया से बचाकर। मगर, अपने लिए नहीं। विद्या माता के ही लिए।

उसे कैसे था इतना भरोसा मुझ पर? एक तरफ़ इतना अटूट और अखूट भरोसा मेरे कुछ बनने, कुछ साबित होने पर..., और दूसरी तरफ़ इस हक़ीकत का भी पक्का-पूरा अहसास, कि मैं कहाँ, किस जगह पर कच्चा और कमज़ोर ही नहीं, निहायत-निहायत निरीह और असहाय हूँ।

उसे मुझसे कोई अपेक्षा नहीं थी।

मगर जिससे रही होगी—उससे भी क्या उसे सचमुच कोई शिकायत थी?

"जब मैंने ही कभी कुछ नहीं कहा उनसे, तो तू कौन होता है उन्हें जली-कटी सुनाने वाला?"

"जा, फौरन अभी उनसे माफी माँग"।

समूचे जीवन में सिर्फ एक बार, सिर्फ एक बार मैंने उसकी कठोर मुखमुद्रा देखी थी। समूचे जीवन में एक बार, सिर्फ एक बार उसने मुझे कोई आदेश या उपदेश जैसा कुछ दिया था और मैंने उसका भी पालन नहीं किया। उससे झूठ बोला। क्या उसे इतना भी पता नहीं चला होगा कि मैंने उससे झूठ बोला? नहीं। नहीं पता चला होगा। "...मेरा लड़का कभी झूठ नहीं बोलता"—यह भी तो...उसी ने कहा था।

और भी तो कुछ कहा था उसने। जो उसी तरह तुम्हारे अलक्ष्य में —तुम्हारी उपस्थिति से अनजान,...यूँ ही हवा में तैरता हुआ आया था और तुम्हारे कानों में पड़ गया था।

"आइन्दा ऐसी बात फिर कभी मत कहना! मेरा लड़का किसी के जैसा

क्यों बनेगा? अपने जैसा ही बनेगा। उसे नहीं करनी किसी की भी नक़ल, समझी?"

~

तुम कभी भूलकर भी कह सकते थे ऐसा? दे सकते थे ऐसा मुँहतोड़ जवाब मुझे तुम्हारे मुँह सामने ही ज़लील करने वालों को? जान-बूझकर मेरे मर्मस्थल को चोट पहुँचाने वालों को?

तुम तो, उल्टे उन्हीं का पक्ष लेकर मुझे समझाया करते थे—ज्ञान की बातें, जिन्हें सुनते-सुनते मैं तंग आ चुका था। क्या तुमने कभी भी, किसी भी नाज़ुक से नाज़ुक मौके पर भी मेरा पक्ष लेने की, मेरा बचाव करने की ज़रूरत समझी? कभी तनिक सा भी सहारा दिया मुझे? ऐसी क्या लाचारी थी तुम्हारी? सब कुछ जानते हुए भी, कि तुम्हारे लड़कों के साथ—मेरे और मेरे मासूम भाई के साथ कितनी ज़्यादती हो रही है, कैसा अन्याय हो रहा है—तुम चुप्पी क्यों साधे रहे? जानते-बूझते अनजान, अंधे-बहरे और गूँगे बने क्यों रहे?

मेरे लिए तो सिर्फ, सिर्फ मेरी माँ थी। तुम नहीं थे। होकर भी अनहुए जैसे ही थे। क्या तुम्हें पता नहीं था कि कोई भी माँ—चाहे वह साक्षात् जगदम्बा, जगज्जननी ही क्यों न हो अपनी सन्तान के लिए, पिता की जगह वह भी नहीं ले सकती—कम से कम पिता के रहते तो नहीं ही ले सकती।

...और, तब एक समय ऐसा भी आया जब मैं तुम्हारी छाया तक से कतराने लगा था। जब मेरे मन में यही बात बैठ गई थी, कि हम सभी की मुसीबतों का कारण तुम हो, तुम।

और,...फिर भी तुम्हारी तनिक सी भी अस्वस्थता मुझे विचलित-विक्षिप्त कर देती थी। मुझे भयानक त्रास जकड़ लेता था—मैं बिलखने लगता था।

जबकि माँ की तुलना में तुम तो स्वस्थ ही रहे आए। बहुत कम ही बीमार पड़ते देखा मैंने तुमको। मगर ज़रा सा भी खाट पर पड़े देखता था तुमको, तो मुझे तुम्हारे ऊपर साक्षात् यमराज की ही छाया मँडराती दिखने लगती थी। इसके ठीक विपरीत, माँ चाहे कितनी ही बीमार क्यों न पड़ी हो, मुझे उसको लेकर कभी भी कोई दुश्चिंता व्यापती ही न थी। लगता ही नहीं था, उसे कभी भी कुछ भी हो सकता है—वह तो खुद ही हर आधि-व्याधि का अमोघ इलाज है—हर किसी का अवलम्ब—हर किसी का दुख हरने

वाली—हज़ार हाथ-पैरों वाली, हज़ार आँख-कानों से सब कुछ देखने-सुनने वाली ....सर्वव्यापी, अजर-अमर। मृत्यु की तो कल्पना ही अकल्पनीय थी, उसके लिए।...कहाँ नहीं थी वह? बानड़ी देवी, कासारदेवी, स्याहीदेवी...नन्दादेवी, धौलादेवी, हर पर्वत, हर शिखर पर वही तो विराजमान थी।

फिर क्यों...फिर क्यों...हज़ार बिच्छुओं के डंक की तरह वह एक वाक्य तुम्हें आज भी सालता है?

..."उसने हमको मना किया था, तुम्हें कुछ भी बताने को। मगर तुम्हें तो उसकी हालत का पता था। क्या सोचकर अटके रहे तुम इतने दिन? आ क्यों नहीं गए छुट्टी लेकर?"...

मुझे पता था। और फिर भी मुझे पता नहीं था। उसको सब पता था। आखिरी-आखिरी दम तक उसने अपना रक्षा-कवच ढीला नहीं होने दिया।

क्यों नहीं होने दिया? "मेरा लड़का कभी कोई ग़लत काम नहीं कर सकता"—उसने कहा था। परंतु उसने यह भी क्यों नहीं कह दिया तभी, कि..."लेकिन...लेकिन, वह आँख सामने मेरी मृत्यु का सामना नहीं कर सकता और नहीं कर सकेगा।

उसे सचमुच सब पता था। पर तुम्हें? क्या तुम्हें पता नहीं था कि तुम पर उसका जो असीम और अखण्ड विश्वास था, उसमें कहीं एक सूक्ष्म सी दरार थी, जिसे उस विश्वास की ही रक्षा की खातिर तुम्हें भर सकना चाहिए था।

तुम जिसका अहर्निश जाप करते रहे हो आजकल—पता नहीं क्यूँ—उस 'मनीषा पंचकम' के रचयिता—जगत्साक्षिणी माँ का सीधा साक्षात्कार कर चुके 'सत्याचार्य' यानी, शंकराचार्य ने तक, संन्यासी होते हुए भी—संन्यास की सारी मर्यादाओं को ठुकराते हुए अपनी जन्मदात्री माँ का अंतिम संस्कार खुद अपने हाथों नहीं किया था क्या?

क्या ग़लत कहा तुम्हारे भाई ने? ठीक ही तो कहा।

पर...तुम्हारे भीतर इस घटना को लेकर कोई अपराध बोध क्यों नहीं है? क्यों तुम्हारे लिए उसकी मृत्यु मृत्यु नहीं, केवल एक अनुपस्थिति सी रही आई जो कभी भी, तुम्हारी एक पुकार पर भरी-पूरी उपस्थिति में बदली जा सकती थी।

16

और...तुम? मेरे ब्रह्मा?

..."यह पहले ऐसा नहीं था बिलकुल। क्या-क्या स्वांग-ठेठर नहीं करता था! खेल-तमाशे में कितना मन रमता था इसका! और कमाई-धमाई भी करता ही था। वो तो...जबसे...दो-दो लड़कियाँ इसकी, जिन पर यह जान देता था, उस महामारी में एक साथ चली गईं—तभी से जाने इसे क्या हो गया। तिस पर रही-सही क़सर इसके छोटे भाई की मौत ने पूरी कर दी। उल्लू-बेल्लू हो गया यह तभी से।"...

किसके मुख से हुआ था यह रहस्योद्‌घाटन? दादी के? शायद। शायद क्या, पक्का। वही होगी, ... वही थी। भला और कौन जान सकता है यह सब?

जिस मर्माघात को एक माँ झेल सकती है—अपने सबसे प्यारे-दुलारे बेटे की तिल-तिलकर हुई मौत को—उसे उसका ज्ञानी बेटा नहीं झेल सका—भीतर बहुत भीतर कहीं दरार खा गया। ऐसा क्यों?

'उल्लू-बेल्लू'!' यानी अपनी सहज स्वाभाविक मस्ती, ज़िंदादिली और कर्मठता खोकर जीते जी एक परलोक सरीखी दुनिया में गुम हो जाना और अपनी रोज़मर्रा की जानी-पहचानी दुनिया के लिए अजनबी बन जाना...यही न?

क्या यह सच्ची बात होगी? सच्ची नहीं तो और क्या होगी? माँ से अधिक अपने जेठे-पाठे लड़के की हक़ीकत और कौन जान सकता है? यथार्थवादी आकलन तो वही न हुआ? आदर्शवादी आकलन की बात अलग है। वह भी कम सच्ची नहीं। मगर...फाँक तो पड़ ही गई ना दोनों के बीच!

और, सनातन, खुद तुम्हारी माँ? उसे तो अपनी सास की तुलना में कहीं ज़्यादा...बहुत ज़्यादा झेलना पड़ा था ना? कितनी अकाल-मृत्युएँ,... कितनी? और एक के बाद एक कितनी सारी व्याधियाँ!!! मगर, वह तो कभी 'उल्लू-बेल्लू' नहीं हुई। बाबू अपने जीवन के उत्तरार्ध में जितने ही गुमसुम और निढाल होते गए, माँ, उतनी ही स्फूर्त, कौतुकी और उत्साह-उमंग से भरी हुई...।

कौन कहता है, पुरुष स्त्री की तुलना में अधिक समर्थ और अधिक बलवान्-बुद्धिमान् होता है?

जो तुमने साक्षात् देखा-भोगा-जाना, उस पर विश्वास करोगे या कि सुनी-सुनाई बातों पर?

~

मैं भी तुम्हारी तरह उल्लू-बेल्लू ही बना रहता बाबू, अगर मेरी माँ हर घड़ी, हर पल मेरे पीछे खड़ी नहीं रहती। मेरी हर सफलता के पीछे वही थी और वही है। मैं सच बोल रहा हूँ बाबू, और सच के सिवा कुछ भी नहीं बोल रहा हूँ। कल्प-वृक्ष की कथा मैंने भले तुम्हीं से सुनी थी; मगर सचमुच का कल्पवृक्ष तो मेरी माँ ही बनी ना मेरे लिए! और...आत्मविश्वास जिसे कहते हैं, उसका भी एकमात्र और अक्षय-अखूट स्रोत मेरे लिए तो वही थी।

"अगर सारी दुनिया भी इकट्ठे तुम्हें एक स्वर में धिक्कारे-दुत्कारे और कहे—"तुमसे कभी कुछ नहीं होगा—तुम्हें किसी बात की तमीज़ नहीं, तुम किसी लायक़ नहीं... तुम निहायत घोंचू हो—निहायत ही दयनीय और हास्यास्पद,...तो तुम क्या कहोगे?"

कुछ नहीं। तुम यह सब सुनकर भी अनसुना करते रहोगे क्योंकि तुम्हें भी किसी ने वह कवच-कुंडल पहना दिया है जिसे कोई नहीं भेद सकता—कोई नहीं।

"किसी के जैसा क्यों बनेगा मेरा लड़का? अपने जैसा ही बनेगा।"

किसी के तुम पर—तुम्हारी सामर्थ्य पर—अखंड और असीम विश्वास का कवच।

और...उस सामर्थ्य पर, जिसका कभी कोई लक्षण तब तक दिखाई नहीं दिया था किसी को भी। सिर्फ...सिर्फ...एक उसी को छोड़कर।

~

बाबू! मैं तुम्हारे साथ अन्याय कर रहा होऊँ तो मुझे माफ़ कर देना। उसी तरह, जिस तरह तुमने मेरी उन कड़वी से कड़वी बातों को भी माफ़ कर दिया था।

माफ़ करने के सिवा और तुम्हें आता क्या था?

यह मुझे पता था ना। इसीलिए तो मैंने तुमसे माफी माँगने की ज़रूरत ही महसूस नहीं की।

परन्तु तुम क्या जानते हो बाबू, कि तुम्हारी असली विरासत तो अब जाकर मेरे हाथ लगी है।

मैं वह सब जी रहा हूँ बाबू, जो तुमने जिया-जाना-समझा। और वह सब भी, जो तुम जी सकते थे, पर नहीं जी पाए। मैं तुम्हारे बदले वह सब जी रहा हूँ–तुम्हारा सारा हर्जाना वसूल कर रहा हूँ ज़िन्दगी से। तुम्हारा जो कुछ भी आधा-अधूरा छूटा होगा, वह मैं सब पूरा करूँगा बाबू! तभी मेरी छुट्टी होगी–उसके पहले नहीं। तभी तो मैं तुम्हें इन दिनों अक़्सर अपने साथ चलते देखता हूँ–अपने मुँह से बोलते सुनता हूँ। देखो तो सही बाबू, तुम्हारी कितनी सारी छवियाँ, कितनी सारी बातें मेरे भीतर जमा हैं,...और किस क़दर कभी भी कहीं भी उमड़ी चली आती हैं!...

तुम सिर्फ दर्जा पाँच तक पढ़े थे। मगर तुम्हारे यहाँ ताँता लगा रहता था कैसे-कैसे नमूनों का! ग्राहक तो इने-गिने, भूले-भटके ही आते थे–और वे भी तुम्हारे नाते-रिश्तेदार,...जो तुमसे उधार लेकर उसे कभी भी चुकता करना जानते ही नहीं थे। बाक़ी तो वही होते थे–जिनमें से प्रत्येक को तुम अपने से ज़्यादा बुद्धिमान् समझते होगे; मगर जो दरअसल अपना ही क़द बढ़ाने के लिए तुम्हारे पास आते थे।

उन्हीं में से एक ने मुझसे एक दिन कहा था–कब?...मुझे याद नहीं, पर जो कहा था वह तो अक्षरशः याद है ना!

"तू क्यों रोता है? रोएँ तेरे दुश्मन। तू तो जनक के घर पैदा हुआ है। ये लोग क्या जानें उसकी क़दर!"

सावन-भादों के आसमान की तरह अपनी सारी बौखलाहट चुका चुकने के बाद–घंटा आधा-घंटा मूसलाधार बरस चुकने के बाद–तुम पता नहीं क्यों, उस दिन हमेशा की तरह दूकान के भीतर के कमरे में घुसकर चाय बनाने लगने की बजाय अपना हुक्का उठाकर घर की तरफ चल दिये थे। और अब

मेरी बारी थी बरसने की। तभी वह वाक्य मेरे कानों में पड़ा था। और...उसी के साथ एक और वाक्य...

"ज्ञान की भी एक मरजाद होती है बेटा। जो कभी-कभी टूट भी जाती है। मगर...फिर से उसी जगह जुड़ भी जाती है, जहाँ पर से टूटी थी।"

कौन थे वे? महंत जी? ब्रजबाजी? भट्टजी? कौन थे वे?

जो भी रहे हों। कुछ बात होगी—तभी तो जुग बीत गए पर वह बात नहीं बीती। बची रह गई ज्यूँ की त्यूँ। उन्हीं में से किसी के मुख से कभी एक चौपाई भी तो सुनी थी—

"लीन्हि राउ उर लाइ जानकी। मिटी महामरजाद ज्ञान की॥"

और,...वह दोहा भी तो,...

"जा मरने से जग डरे, मेरे मन आनंद"।

क्या ज़माना था वह भी! जब बात-बात में लोगों के मुँह से दोहे-सोरठे-चौपाइयाँ भी लोकोक्तियों की तरह अनायास ही फूटती रहती थीं। वह भी ज़्यादातर अनपढ़ों के ही मुँह से।

अब नहीं सुनाई देतीं। अब तो ज्ञान की मर्यादा ही नहीं, परिभाषा भी बदल गई है। क्या सचमुच दिन लद चुके उस 'ज्ञान' के, जिसमें कविता भी अन्नजल की तरह शामिल हुआ करती थीं?

कविता का ज्ञान रूखे-सूखे ज्ञान से कहीं बेहतर है, हमसे इतना तो साबित होता ही है ना? 'रागदीप्त ज्ञान' जिसे कहा जाता है; *'लाइट ऑफ पैशन'*—सनत्कुमार ने मुझे बताया था एक दिन। सनत्कुमार जो मेरा 'सोर्स' है। पर, सनत्कुमार ही क्यों, सनक और सनन्दन भी क्यों नहीं?

'लाइट ऑफ पैशन'! पैशन, यानी राग।

मगर...राग और द्वेष तो दोनों साथ-साथ ही रहते हैं बाबू। सभी जगह शास्त्रों में यही लिखा मिलता है। तुममें राग तो भरपूर रहा होगा। मगर द्वेष का तो तुममें कहीं नामोनिशान भी नहीं था। काश, कि तुममें थोड़ा द्वेष भी होता। तब तुम इस क़दर पिटते नहीं रहते। एक जगह पिटते तो चार जगह पीट के भी आते।

तब, मैं और मेरा छोटा भाई इतनी ग़लाज़त नहीं भुगतते।

अब चुप भी करो सनातन। बारम्बार वही-वही लीक क्यों पीटने लगते हो?

नहीं! मैं कोई लीक नहीं पीटता। लीक पीटनेवाले तुम हो–तुम सबके सब, जो मेरे हितैषी-शुभचिंतकों के भेष में जानी दुश्मन मेरे तब भी थे...और आज भी-अभी तक भी–हो। चेहरे भर बदले हैं; बाकी कहीं कुछ भी नहीं बदला। कुछ भी नहीं।

यह दुनिया सदा से ऐसी ही है और ऐसी ही रहेगी। कभी नहीं बदलेगी। जब तक यह सब कुछ नहीं बदलता। जब तक यह मनुष्य ही सब कुछ में नहीं बदलता। 'न हि कदाचित् अनीदृशोऽजगत्'–सांख्य यूँ ही नहीं कहता। सांख्य बेकार की भावुकता नहीं छाँटता।

और...वेदान्त?

यदि जनक और याज्ञवल्क्य काफी थे तो महावीर और गौतम बुद्ध को क्यों आना पड़ा?

'सब्बं दुक्खं.'

'सारा संसार जल रहा है आनन्द। कामनाओं की आग में।'

'सब राख की ढेरी है भाई साब। न कोई जनमता है, न कोई मरता है।'

'ऐसा कोई ना मिला, जिनसों रहिये लागि।

सब जग जलता देखिया, अपनी अपनी आगि॥'

अपनी-अपनी आगी।

तुम्हारी आग और मेरी आग एक ही कैसे होती बाबू? हर नई पीढ़ी अपने साथ, अपनी ही आग, अपने ही जलते-उबलते प्रश्न लेकर आती है। जहाँ तक तुम मेरे प्रश्नों का सत्कार कर सकते थे, तुमने किया, भरपूर किया। जैसा कि किसी ने नहीं किया; जैसा फिर मुझे कोई नहीं मिला। मगर, तुम्हारे उत्तर देने की सामर्थ्य की भी कोई सीमा थी कि नहीं? मेरी भी समझ में आ गया होगा कि अब तुम मेरी कोई मदद नहीं कर सकते। है ना बाबू?

मैं क्यों 'बाबू-बाबू' की रट लगाये हूँ जब से? तुम क्या अभी तक रिश्तों-नातों के जंजाल में ही उलझे, इस भव सागर में ही भटक रहे हो? मोक्ष नहीं मिला तुम्हें अभी तक? तुम्हें तो तभी, उन्हीं दिनों जीवन्मुक्त बताते थे बंगाली बाबा।

मेरा मन कहता है–मोक्ष अगर कहीं है भी, तो वह तुम्हें तो नहीं ही

मिला होगा। कुछ न कुछ क़सर ज़रूर अब भी रह गई होगी। तुममें राग जो बाकी बचा रह गया था।

जो जीवन्मुक्त होता है, वह तुम्हारी तरह बीच बाजार में अपनी दबी-कुचली भावनाओं का—अपने रागी चित्त का—विस्फोट नहीं होने देता। समूची धरती, समूचे आसमान को कोसता-गरियाता नहीं फिरता।

तो...अगर तुम अब भी यहीं-कहीं हो—इसी लोक में—कोई नया चेहरा और चोला धारण किये हुए, तो क्या तुम मेरे एक सवाल का जवाब दे सकोगे? मेरे जीवन-प्रभात के सबसे उजले द्वीप! क्या तुम मेरी जीवन-संध्या को भी उसी तरह नहीं जगमगा दे सकते?

पूछो भाऊ, पूछो।

पूछ रहा हूँ। एक नहीं, तीन-तीन प्रश्न।

~

एक—याज्ञवल्क्य और जनक यदि काफी थे तो गौतम बुद्ध को क्यों आना पड़ा?

दो—सनत्कुमार के सबसे प्रिय कवि कहते हैं—भारत का इतिहास दो परस्पर विरोधी विचारधाराओं के एक लम्बे संघर्ष का इतिहास है। एक तो दुःखवादी—आदर्शवादी धारा—जिसके प्रतीक राम हैं और दूसरी यथार्थवादी—आनंदवादी धारा—जिसके नायक कृष्ण हैं। बाबू, मुझे बताओ—यह 'यथार्थ' क्या होता है?

तीन—'ज्ञानी भुगते ज्ञान ते, मूरख भुगते रोय'—तुम अक़्सर दोहराते थे। क्या तुम्हारी खुद की अवस्थिति ज्ञानी और मूरख के बीच की ही नहीं थी? फिर तुमने 'कर्म' की ऐसी अवहेलना क्यों की?

~

जाने कितना वक़्त गुज़र गया...सनातन बिना हिले-डुले उसी मुद्रा में विजड़ित बैठे हैं...मानो अपने प्रश्नों के उत्तर की ही प्रतीक्षा में टँगे हुए। तभी एक कर्कश ध्वनि उस सन्नाटे को चीरती...उनके मस्तक में सुराख करती हुई उन्हें उनकी तन्द्रा से बाहर खींच लाई। वे चौंक कर उठ खड़े हुए।

"दद्‌दा! फोन है आपका"—नीचे से आवाज़ दे रहा है शिरीष। किसका होगा? सनक का? या सनत का? दो दिन हो गए घर से बाहर ही नहीं निकले।

"क्यों भई। कहाँ हो?" सनक ही है। क्या सनक सोच भी सकता है उसके इस सवाल का जवाब देना कितना मुश्किल है?

"तुम्हारी उम्र बहुत लम्बी है सनक। मैं तो तुम्हारे यहाँ ही आने की सोच रहा था।"...

"इसमें सोचना क्या है? आ जाओ फटाफट। सिक्किम की रम तुम्हारा इन्तज़ार कर रही है। और साथ में पनीर के पकौड़े भी, जो तुम्हारी भाभी खास तुम्हारे लिए बनाने वाली है।"

...क्या तुम भी कभी अपने पिता के बारे में सोचते हो सनक?

17

सनक के घर से तो लौट आए हैं सनातन अपनी उसी कोठरी में और सोने की तैयारी में हैं। फिर वे किससे बात कर रहे हैं। यहाँ तो कोई नहीं उनके पास। सिवाय इस मोटी कॉपी के?...

~

तुम्हें किस बात की ग्लानि है? सब कुछ क्या ज़िंदगी ने ही तुम्हारे साथ किया? क्या तुमने ज़िंदगी के साथ कुछ नहीं किया?

किया तो। बहुत कुछ किया। और अब भी कर ही रहे हो। करते रहोगे आखिरी दम तक। मनुष्य के हाथ में इससे अधिक और है क्या?

'मैन मस्ट अबाइड
हिज़ गोइंग हेन्स, ईवन ऐज़ हिज़ कमिंग हिदर
*राइपनेस इज़ ऑल...'**

श्लोक क्या संस्कृत में ही लिखे जाते हैं? अंग्रेज़ी में भी क्यों नहीं? यह श्लोक नहीं तो क्या है?

तुम तो अक्सर कहते पाए गए हो लोगों से, कि तुम्हारा सबसे बड़ा सौभाग्य ही यह है कि तुम एक ऐसे देश में जन्मे-पले जिसकी जीवन-चेतना

---

* उतना ही सहज हो मनुष्य के लिए यहाँ से चले जाना जितना कि यहाँ आना

पकना ही
जीवन का
मतलब कुल

का आरम्भ ही चेतना के उच्चतम शिखरों के आरोहण की अभीप्सा से–और अभीप्सा ही क्यों? –उसे चरितार्थ करने की सामर्थ्य का आविष्कार करने से हुआ। ऋत् और सत्य के साक्षात्कार से; और उस साक्षात्कार की ही शर्तों पर समूचे जीवन को–हर स्तर की क्षमता और स्वभाव के मनुष्यों की जीवन-चर्या को–ढालने की ज़िद से प्रेरित एक अजर-अमर परम्परा को जन्म देने से हुआ।

तुम नहीं हो *'डिसइनहेरिटेड माइंड'*! तुम्हें खुद तुम्हारे सिवा और कोई बेदखल नहीं कर सकता अपनी उस उजली विरासत से।

तुम्हें इस सच्चाई में दीक्षित और प्रतिष्ठित करने के लिए ही तो तुम्हें ऐसे परिवेश और ऐसे माता-पिता के यहाँ जन्म मिला।

ताकि तुम किसी भ्रान्ति में न रहो–तुम्हें आरंभ से ही पक्का-पूरा पता लग जाए–तुम्हारे रक्त-मांस-अस्थि-मज्जा तक में भिद जाये यह सत्य, कि विरासत वह नहीं है, जिसे ज़्यादातर लोग, विरासत मानते और कहते हैं। जीवन का सारा स्वर्ग-नरक तुम्हें तुम्हारे सबसे नाज़ुक और सबसे कच्चे दिनों में ही दिखा दिया गया–झिलवा दिया गया; ताकि तुम्हारा स्नायुतंत्र, भाव-तंत्र और बुद्धि-तंत्र सब उसी मुताबिक ढल जाये, तैयार हो जाये और एक ज़बर्दस्त चुम्बकीय केंद्र तुम्हारे भीतर निर्मित हो जाये जो उस असली विरासत को–सब तरफ़ से अपनी ओर खींचने में समर्थ हो जाये।

तुम्हारे जाने-अनजाने यह चुम्बकीय क्षेत्र अपने आप बनता चला गया। जलागम-क्षेत्र हो जाये हर किसी की चेतना इसी तरह–अपनी मानवीय संस्कृति की सहस्राब्दियों तक विस्तृत पर्वतमालाओं का। यही न तुम चाहते रहे हो?

नहीं! पश्चात्ताप या ग्लानि या आत्मावसाद का कोई कारण नहीं; कोई अवसर नहीं। वह सब अनिवार्य था। यहाँ तक, कि तुम्हारा अपने पिता से लड़-झगड़ के पल्ला झाड़ लेना भी–वह सब कर पाने के लिए–जो वे नहीं कर पाए।

आखिर वे भी देवता नहीं, मनुष्य ही थे। उनकी भी कमजोरियाँ थीं। कौन कहता है यह वैराग्य की और जीवन से मुख मोड़ लेने वाली संस्कृति है। मोक्ष तो एक सफल और यशस्वी जीवन-यात्रा की अंतिम और परिपक्व परिणति है : उसका सर्वोच्च शिखर। तुम्हारे भीतर एक मूरत थी तुम्हारे बचपन के दिनों के 'हीरो'की–जिसे तुमने ऐन उस वक़्त, जब तुम्हें सबसे ज़्यादा उसके

सहारे की ज़रूरत थी—उसे खंडित और चकनाचूर होते देखा। उसको तुम नहीं भूल पाए, नहीं माफ़ कर पाए।

पर उन्होंने तो तुम्हें माफ़ कर दिया था ना?

~

क्या पता उनके भीतर भी बहुत गहरे में दबा कच्चे फोड़े सरीखा कोई मर्मस्थल रहा आया था, जिससे वे भी अनभिज्ञ थे—जिससे वे भी नहीं उबर पाए थे—और जो किन्हीं बिरले क्षणों में सहसा उघड़ आता था तो एक असहनीय पीड़ा उन्हें दबोच कर उनके सारे अर्जित संतुलन को छिन्न-भिन्न कर डालती थी। और, तब केवल...केवल...उस घड़ी वे अपना आपा खो बैठते थे।

वह अर्धवार्षिक सार्वजनिक विस्फोट उनकी दबी-कुचली भावनाओं का बीच बाजार में!!! वह क्या था? वह विक्षिप्त बौखलाहट—धरती और आकाश तक को भेद जाने वाली!...

सहन की पराकाष्ठा पर। और उसके बाद?

सब कुछ पूर्ववत्,...जैसे कभी कुछ हुआ ही न हो। जैसे अभी-अभी जो कुछ हुआ, घटा, वह एक दुःस्वप्न मात्र हो। लगता ही नहीं था कि उन्हें याद तक है अपना वह विक्षिप्त आचरण। कोई और था...कोई और...कोई भूत-प्रेत,...जो सहसा उनके भीतर के किसी अतलान्त से उछलकर आ चढ़ा था उन पर; और अपना पावना वसूल करके फिर गायब हो गया—उसी अतलान्त गह्वर में।

18

सनातन के एक विदेशी गुरु-मित्र ने,– जिनके साथ उनकी बहुत लम्बे समय तक चिट्ठी-पत्री चलती रही है...और जो, उसकी विशेषज्ञता के क्षेत्र में–अर्थात् पर्यावरण विज्ञान के क्षेत्र में–चोटी के वैज्ञानिक माने जाते हैं–साथ ही धर्म-दर्शन-तत्त्वज्ञान में भी गहरी रुचि ओर पैठ रखते हैं–उन्होंने अपनी एक चिट्ठी में ऐसी बहस उठा दी जिसने सनातन को चक्कर में डाल दिया। क्या थी वह बहस?

उन्होंने सनातन को लिखा–"मैं भारत की आध्यात्मिक प्रज्ञा से बहुत प्रभावित हूँ, नतमस्तक भी हूँ उसके सम्मुख; किन्तु एक शंका उसे लेकर मुझे अक्सर सालती रही है–वह यह, कि कहीं ऐसा तो नहीं, कि भारतीय दार्शनिकों को एकदम शुरू में ही कुछ ऐसा पक्का-पूरा समाधान मिल गया जीवन-जगत् की जटिल समस्याओं का, जिसने न केवल उनकी प्रश्नाकुलता को ही बुझा दिया, बल्कि जीवन-जगत् का जो ट्रैजिक आयाम है, उसके प्रति संवेदनशीलता को ही अनावश्यक बना दिया। मैं यह स्पष्ट अनुभव करता हूँ कि भारतीय मनीषियों में सूक्ष्मता और गहराई तो पाश्चात्य समानधर्माओं की तुलना में कहीं अधिक है, किन्तु उनमें जीवन के ट्रैजिक आयाम का यथातथ्य स्वीकार नहीं दिखाई देता। मुझे ऐसा लगता है कि 'ईविल' की समस्या को वे या तो समस्या ही नहीं मानते, या फिर उसका जान-बूझकर मनमाना सरलीकरण कर देते हैं।"

सनातन ने तुरंत-तत्काल इसका प्रतिवाद किया। कहा–"नहीं, यह सच नहीं है। आप हमारे दोनों राष्ट्रीय महाकाव्यों को पढ़ देखिए : आप पाएँगे कि

उनमें 'ट्रैजिक सेंस' की कहीं कोई कमी नहीं। क्या रामायण और क्या महाभारत, इस जीवन-संसार को लेकर या मानव-स्वभाव को लेकर, किसी तरह की कोई भ्रान्ति नहीं पालते। पैशाचिकता की किस हद तक मनुष्य जा सकता है, इसका अहसास उनमें बराबर बोलता है। ट्रैजिक चरित्रों की या ट्रैजिक स्थितियों की तो वहाँ भरमार है। परन्तु 'ट्रैजिक सेंस' होना एक बात है और ट्रैजेडी को ही जीवन-संसार का अंतिम सत्य मान लेना और मानवीय सम्भावनाओं का भी एकमात्र निर्णायक मान लेना बिलकुल अलग बात है। दुःख और दौरात्म्य के यथातथ्य अनुभव और ज्ञान के बावजूद भारत का 'स्पिरिच्युअल कामनसेंस' यह मान लेने से इनकार करता है कि यह जीवन-संसार और मनुष्य स्वयं, किसी शैतान के पास गिरवी रखे हुए हैं; और यही प्रथम और अंतिम सत्य है।''

इस पर उन विदेशी मित्र ने जो प्रत्युत्तर दिया—वह थोड़े में इस प्रकार था :—

''देखिए मिस्टर सैनेटन! यह तो पश्चिम भी नहीं मानता। शैतान के बरक़्स क्राइस्ट की उपस्थिति और सक्रियता आख़िर क्या जताती है? 'ओरिजिनल सिन' यथार्थ है; किन्तु मनुष्य को उसकी गिरफ़्त से छुड़ाने और उसका उद्धार करने की संभावना भी तो हमारे यहाँ निरन्तर विद्यमान है। तुम्हारे यहाँ, चलो मान लिया, 'ओरिजिनल सिन' जैसी कोई अवधारणा नहीं है और इसीलिए उससे त्राण दिलाने वाला मसीहा भी नहीं है। किन्तु...अवतार तो हैं ही ना? गुरु और गुरुकृपा नाम की चीज़ें भी तो हैं। क्यों है उनका इतना महत्त्व, बताओ? रोज़मर्रा की धार्मिक दिनचर्या तो हिन्दुओं की, उन्हीं देवी-देवताओं को और उन्हीं अनुष्ठानों को लेकर चलती है ना? वेद और उपनिषद् से तो चलती नहीं।''

इस पर सनातन बोले—''देखिए, अवतार और मसीहा के बीच बहुत बड़ा अन्तर है, और वह कोई ऊपरी या मामूली नहीं, बहुत गहरा, तात्त्विक अंतर है। मसीहा आपका सिर्फ एक और एकमात्र होता है। जबकि अवतार तो अनेक होते हैं और बारम्बार होते रहते हैं। केवल मनुष्य-अवतार ही नहीं, कछुआ, मत्स्य और वराह अवतार भी। भला क्यों? इसीलिए ना, कि उसके पीछे परमात्म-शक्ति की केवल मानव जगत् के प्रति ही नहीं, चराचर जीव-जगत् के प्रति भी पूरी ज़िम्मेदारी और सहानुभूति की भावना है। क्या आपको नहीं लगता कि यह बात विशुद्ध वैज्ञानिक स्तर पर भी तर्कसंगत है? और उससे

आपके विकासवादी सिद्धांत की भी पुष्टि ही होती है। फिर आप यह भी तो देखिए कि हमारे सारे अवतार वह सब झेलने-भुगतने को अन्तर्विवश हैं; जो सामान्य से सामान्य मनुष्य भी अपने जीवन में झेलता-भुगतता है। मसलन, आप हमारे महाकाव्यों के नायकों को तथा जन-जन के हृदय में बसे हुए दो अवतारों राम और कृष्ण के जीवन को ही देख लीजिए। क्या-क्या नहीं झेलना पड़ा उन्हें? मगर आप देखिए– उन्हें 'ट्रैजिक हीरो' तो कोई नहीं कहता। न तो वाल्मीकि ने, न व्यास ने ही ऐसी कोई बात कही है। आप ही बताइए नर और नारायण के सख्य-संबंध की ऐसी परिकल्पना और ऐसी समझ क्या आपके पाश्चात्य दर्शन या धर्मशास्त्र में कहीं मिलती है?''

किन्तु विदेशी मित्र को सनातन की इस प्रतिक्रिया में अपना ही पक्ष पुष्ट होता जान पड़ा। तपाक से प्रतिप्रश्न जड़ दिया उन्होंने। ''वही तो मेरी जिज्ञासा है आपसे, कि 'ट्रैजिक हीरो' आप क्यों नहीं मानते–कहते फिर इन दोनों को? अथवा अन्य दूसरे नायकों को? इसीलिए ना, कि भारत 'ट्रैजेडी' की अवधारणा ही नहीं कर सका? कर सकता, तो डिवाइन ट्रैजेडी नहीं, 'डिवाइन कॉमेडी' लिख पाता सचमुच। जो आपने नहीं, हमने लिखी है।

''ऐसा बिलकुल नहीं है''–सनातन ने प्रतिवाद किया। ''अवधारणा उसकी की जाती है जिसकी ज़रूरत हो सचमुच। भारत को उसकी ज़रूरत ही नहीं पड़ी। क्यों नहीं पड़ी? इसलिए नहीं पड़ी कि अपने सांस्कृतिक इतिहास के प्रस्थान-बिंदु पर ही उसका साबका ऐसे अनुभव से पड़ा जो समूचे ब्रह्माण्ड के साथ एकता का अनुभव भी था और मर्त्य मानव द्वारा अपने ही भीतर अन्तर्निहित दिव्यता या अमरत्व के साक्षात्कार का भी। इस अनुभूति को जहाँ वैदिक ऋषियों के यहाँ 'आनन्द' की तरह अभिहित किया गया, वहीं अ-वैदिकों के यहाँ यानी श्रमण परम्परा में वह मुक्ति या 'निर्वाण' के रूप में प्रगट या परिभाषित हुआ। ये दोनों ही अभिव्यक्तियाँ जीवन-रहस्य को सुलझाने में–अर्थात् जीवन-मात्र के मूलोद्गम और लक्ष्य-गंतव्य को समझने-समझाने में–यानी जिसे आप 'ट्रैजिक' कह रहे हैं, उसके भी अतिक्रमण में समर्थ हैं। 'बियांड गुड ऐंड ईविल'...जैसा कि आपका नीत्शे भी तो कह ही गया है।''

किन्तु वे जर्मन गुरु-मित्र सनातन के इस उत्तर से आश्वस्त नहीं हुए। प्रत्युत्तर में उन्होंने जो कहा, वह यों था :

''बुद्ध हमारी समझ में आते हैं। परन्तु तुम्हारा यह वैदिक या ब्राह्मण

धर्म हमारी समझ से परे है। वेदान्त भी हमारी बुद्धि में नहीं अँटता। मान लिया कि, वेदान्त ट्रैजेडी को अमान्य करता है। परंतु उसका जो 'स्टैंड' है, कुल मिलाकर जीवन-जगत् के प्रति—या, कह लीजिए सर्वोच्च परमसत्ता के प्रति—वह सामान्यजनों की तो बात ही छोड़िये, अच्छे-खासे प्रबुद्धजनों के लिए भी अनुभवगम्य तो क्या, बुद्धिगम्य तक नहीं है। 'माया' हमें कुछ भी मदद नहीं करती इस जीवन-संसार को समझने में। 'शैतान' (डेविल) उसकी कहीं ज़्यादा 'कन्विंसिंग' व्याख्या है—तुम मानो न मानो। इसी तरह तुम्हारा जो 'इम्पर्सनल गॉड' है—'ब्रह्म' जिसे कहा जाता है, वह भी निहायत अमूर्त है। वह जगत् का स्रष्टा भी नहीं है; तो फिर क्या है? कैसे हम उसकी भावना करें? समझ में नहीं आता कि सृष्टिकर्ता की सारी पॉवर एक ऐसे देवता—ब्रह्मा को—क्यों सौंप दी गई जिसका आपकी देव-माला में कहीं कोई महत्त्व ही नहीं। विष्णु, जो पालनकर्ता कहे जाते हैं और शिव, जो संहारकर्ता हैं, वे ब्रह्मा की तुलना में कहीं ज़्यादा—बहुत-ज़्यादा महत्त्व के अधिकारी हैं। क्यों भई? यह कैसी 'थियोलॉजी' हुई जिसमें सृष्टिकर्ता का स्थान सृष्टि का विनाश करने वाले से भी नीचा है और उसे 'मेन्टेन' करने वाले से भी। यानी आपके धर्म में महज़ 'मेन्टेनेन्स' का काम 'क्रियेशन' के काम से भी कई दरजा ऊँचा हो गया? हद हो गई कि नहीं? कैसे तुम्हारी सहज बुद्धि, तुम्हारी 'कॉमनसेंस' इस पैरेडॉक्स को पचा पाती है? ब्रह्म तो हुए अमूर्त; और जो क्रियेटर हैं—ब्रह्मा, —उनकी कोई अहमियत ही नहीं। इसकी तुलना में हमारा परमपिता 'अवर फादर इन हैवन'—कितना ठोस और सगुण है? सर्वशक्तिमान् और दयालु और न्यायप्रिय भी। बताओ, इनमें से एक भी गुण है तुम्हारे ब्रह्मा में? अलावा इसके, 'ब्रह्म' ही अगर सब कुछ है, तो फिर वह सृष्टिकर्ता भी क्यों नहीं है? अगर वह सिर्फ साक्षी भर है तो फिर सृष्टि जैसी है, वैसी उसके होने के लिए ज़िम्मेदार कौन है? ब्रह्मा की हैसियत तो एक कुम्हार की या 'आर्कीटेक्ट' की जैसी हुई। वे क्यों ज़िम्मेदारी लेने लगे, सृष्टि की? तो, वे भी ज़िम्मेदार नहीं; और ब्रह्म भी हाथ झाड़कर अलग हो गए, तो फिर बचा कौन? अब, जो अपनी सृष्टि के प्रति उदासीन है, मनुष्य के प्रति भी उदासीन है, ऐसे ब्रह्म या परमात्मा पर किसका विश्वास जमेगा? कैसे और क्यों जमेगा? इस तरह आपका वेदान्त असली समस्या का तो सामना ही नहीं करता। दूसरी ओर, आपका सांख्य-दर्शन है; जो प्रकृति और पुरुष के बीच एक अपाट्य खाई ही देखता है। प्रकृति

ही सब कुछ है वहाँ; पुरुष तो केवल साक्षी है: निर्लिप्त, निस्संग और उदासीन। यानी 'सुपरनैचुरल' के लिए वहाँ भी कोई गुंजाइश नहीं। तो...बिना सुपरनेचुरल के धर्म टिकेगा कहाँ? और, किस पर? मनुष्य की भावना के लिए है कहीं कोई टिकाव और खुराक दोनों जगह? नहीं है। तो फिर आधार क्या है, आपके धर्म का? या आपकी धार्मिकता का?"

सनातन ने अपने मित्र की इस आलोचना का भी सचोट प्रत्याख्यान नहीं किया होगा—यह हम कैसे कहें? ज़रूर किया होगा। आखिर दोनों के बीच बहुत लम्बे अरसे से चिट्ठी-पत्री चल रही है। फोन-संवाद भी। बल्कि जिस स्तर का संवाद चल रहा है दोनों के बीच, वैसा संवाद तो सनातन का अपने देसी बन्धुओं के साथ भी कदाचित् ही होता होगा। बहस आज भी चल रही है और अभी भी वह चुकी नहीं है। तो इसका क्या मतलब हुआ? यही ना, कि सनातन पश्चिम को ग़लत मानते हुए भी खारिज नहीं करते : आवश्यक लगता है उन्हें उसके सर्वोत्तम प्रतिनिधियों के साथ संवाद बनाए रखना और उन्हें उन्हीं के अस्त्रों से निरस्त्र-निरुत्तर करना। जैसे कि उनका उपनिषद् के प्रजापति—यानी ब्रह्माजी को ही ब्रह्म करके अपने उन मित्र से यह पूछना कि "आखिर क्या बात थी जो आपके सबसे बड़े कवि को, जो धर्मतत्त्वज्ञ भी था ही, अपने 'वेस्टलैण्ड' के संकट में वही ब्रह्म याद आये और वही उनके भी काम आये? न कि स्वर्ग में बैठे परमपिता।"

सनातन उस तरह कोई दार्शनिक या धर्मतत्ववेत्ता तो हैं नहीं। सनत-सनकादि इन चीज़ों के बारे में, उनसे कहीं ज़्यादा जानकार हो सकते हैं, यह मान लेने में भी उन्हें कोई आपत्ति नहीं। बहुत गाढ़ी छनती है उनकी इनके साथ। —इतनी गाढ़ी, कि कभी-कभी उन्हें लगता है, उनके ये मित्र स्वयं उन्हीं की जिज्ञासा और, प्रश्नाकुलता के विस्तार हैं। जीवन की इस सान्ध्य-बेला में अब उन्हें फुरसत ही कहाँ है कि विधिवत् अध्ययन करें तमाम धर्म ग्रन्थों और दर्शनों का। वे अपने मित्रों के ज्ञान में भरपूर साझा कर ले रहे हैं—इतना भी क्या कम है? कुछ होगा उनमें—तभी न कर पाते हैं!

सनातन ने अपनी डायरी में एक जगह लिखा भी है—"अपनी शंकाओं को छिपाना-दबाना खुद अपनी आत्मा के साथ,—अर्थात परमात्मा के साथ,—विश्वासघात करना है। सम्पूर्ण श्रद्धा से बड़ी भेंट और हो ही क्या सकती है जो यह नर अपने नारायण को अर्पण कर सके? अर्पण की जाने वाली

चीज़ तो वही हो सकती है ना, जो आग में तपाए सोने की तरह शुद्ध और पवित्र हो! वैसी बुद्धिसंगत और सम्पूर्ण श्रद्धा मैं कब हासिल करूँगा? कब कह सकूँगा गरुड़ की तरह, कागभुशुंडि की तरह अपने सिरजनहार से, कि लो यह...मेरी अविकल-अखंड श्रद्धा, जिसे मैं एक पूरी सदी के मरुस्थल बियाबान के भीतर से अक्षत-अनाहत उबार लाया हूँ—मेरी इस समूची ज़िन्दगी की कमाई, प्रभु,—तुम्हारे भक्त कवि ने जिसे 'शमन सुकर्कश तर्क विषादः' कहा था—उससे भी कहीं अधिक दुष्कर, और आज के ज़माने में असंभवप्राय श्रद्धा, जो मैं लेकर आया हूँ—तमाम जोखिमों से निखरी हुई श्रद्धा, प्रभु!... इसे मैं तुम्हीं को अर्पित करता हूँ। इसे लो और मेरी छुट्टी करो।''...

19

मैं नहीं जानता मेरे साथ यह हो क्या रहा है। एक ओर मेरा शरीर मुझे चेता रहा है आए दिन, कि तुम वह नहीं रहे जो अभी पिछले वर्ष तक थे। दूसरी ओर, परन्तु इस अप्रत्याशित उलट-फेर के बावजूद मेरे भीतर यह कौन आ बैठा है, जो इससे तनिक भी अवसादग्रस्त नहीं। जाने कहाँ से, किस अदृश्य-अगोचर स्रोत से मेरे भीतर ऊर्जा का एक सर्वथा नया और अलग ही स्रोत खुल पड़ा है। ऐसा उत्साह, ऐसी स्फूर्ति तो मैंने अपनी युवावस्था के सबसे पागल दिनों में भी नहीं जानी। साँप जिस तरह अपनी केंचुल झरा कर एक नयी त्वचा धारण कर लेता है, वैसा ही कुछ मेरे साथ भी घटित हो रहा है क्या? क्या मुझे जीते-जी, इसी इसी चोले में नया जन्म मिल रहा है? वे सारी चीज़ें, जो अभी कल तक मेरे लिए मेरे जीने-होने का ही पर्याय बनी हुई थीं, वे कैसे अचानक पृष्ठभूमि में चली गईं? और, वह सब जो पिछले चालीस वर्षों के दौरान मेरे लिए अदृश्य-अगोचर जैसा हो चुका था—वह सब क्यों अकस्मात् मेरी चेतना की अग्रभूमि पर छा गया है। यह हो क्या रहा है आखिर मेरे साथ?

सच में, अभी तक मेरा मन भी मेरा मन कहाँ था? वह भी तो उन्हीं-उन्हीं रोज़मर्रा की बासी यांत्रिक हरकतों को ही दुहराता रहता था। अब जाकर मुझे लग रहा है, कि मैं इस मशीनी रूटीन से उबर रहा हूँ : महज़ प्रतिक्रिया ही नहीं कर रहा हूँ, सचमुच क्रियाशील भी हो रहा हूँ। कई साल हुए जब यह सत्य मुझ पर कौंधा था कि हम निरी प्रतिक्रियाओं में जीते हैं, और व्यर्थ ही यह भ्रम पाले रहते हैं कि हम स्वतंत्र क्रियावान् व्यक्ति हैं। कितना वक़्त गुजर गया तब से... आत्म-निरीक्षण का कितना लम्बा, अन्तहीन सा अध्याय यह मेरे जीवन का. ..अब जाकर किनारे लग रहा है। अब जाकर मेरी समझ में आ रहा है उन

काव्यपंक्तियों का मर्म,...जो बरसों पहले मैंने यहीं सनत्कुमार के मुख से सुनी थीं। पूरी कविता ही पढ़कर सुनाई थी उसने मुझे।...बुरी तरह चौंक गया था मैं इन पंक्तियों को सुनकर। मानो मुझी को संबोधित करके लिखी गई हों:–

ज्ञान दूर कुछ, क्रिया भिन्न है
इच्छा क्यों पूरी हो मन की?
एक-दूसरे से न मिल सके
यह विडम्बना है जीवन की–

अब जाकर मैं इस जीवन-व्यापी अनबन और अपव्यय की कुछ भरपाई करने में समर्थ हो रहा हूँ क्या?—इतने बरसों के कठोर आत्मनिरीक्षण और जद्दोजहद का कुछ तो परिणाम निकलना ही था। पहली बार लग रहा है कि मैं हूँ, सचमुच हूँ, मेरा होना एक समग्र-समन्वित होना है; मेरे तीनों केंद्र—भावात्मक, बौद्धिक और शारीरिक केंद्र आपस में जुड़े हुए हैं—समन्वित ढंग से काम करने लगे हैं। इतना ही नहीं, अधिकाधिक यह अनुभव भी मेरे भीतर गहराता जा रहा है कि मैं न केवल इन तीनों को जोड़ने में सफल हो रहा हूँ; बल्कि एक उच्चतर स्रोत से भी उन्हें जोड़ पा रहा हूँ।

कहीं यह मेरा भ्रम तो नहीं—मेरी मनमानी युक्ति या कल्पना?...मेरी चंचल बुद्धि मुझे टोकती है। मगर वह टोक टिकती नहीं; दूसरे ही क्षण बिला जाती है। मैं जिस उच्चतर ऊर्जा की तरंगों को अपने पोर-पोर में भिदते और रचते हुए अनुभव कर रहा हूँ, वह कोई विचार तो है नहीं; कल्पना भी कैसे होगी—जब मैं उसके संस्पर्श से इतना पुलकित-रोमांचित हो रहा हूँ। इसमें भ्रान्ति कैसी? छलना कैसी? यह तो मेरे किसी भी अन्य—ऐन्द्रिक अनुभव जैसी नहीं; किसी बौद्धिक उत्तेजना जैसी नहीं; किसी जाने-पहचाने ऐन्द्रिक-संवेदन—सेंसेशन जैसी भी नहीं। तब फिर, यह क्या है?

अकस्मात् गीता का एक श्लोक—बल्कि श्लोकार्द्ध मेरी स्मृति में उछल आया है...

*'सुखेन ब्रह्मसंस्पर्शं अत्यन्तं सुखमश्नुते'**

---

* युञ्जन्नेवं सदात्मानं योगी विगतकल्मषः।
सुखेन ब्रह्मसंस्पर्शमत्यन्तं सुखमश्नुते ॥6॥28॥
(सारे कलुषों से मुक्त योगी इस प्रकार निरन्तर आत्मा को परम आत्मा से जोड़ते हुए सहज ही ब्रह्म के संस्पर्श के असीम आनन्द का अनुभव करता है।)

तो... क्या यही 'ब्रह्मसंस्पर्श' है? कहाँ है मेरे वह जर्मन गुरु-मित्र? मैं अभी इसी क्षण उन्हें अपने पास खींचकर उन्हें भी अपने इस अनुभव में साझीदार बनाना चाहता हूँ। लो, जानो, समझो इसे, झेलो इसे।...कि ब्रह्म कोई विचार नहीं, कोई अवधारणा नहीं, कोई युक्ति नहीं। ब्रह्म यह है—उसका सीधा संस्पर्श, जो तुम्हारी सारी बुद्धि को गला देता है, पिघला देता है।...'यस्मिन् नित्यसुखाम्बुधौ गलितधीर्ब्रह्मैव न ब्रह्मवित्'*...अब कहो कि तुम्हारा 'अवर फादर इन हैवन' ज्यादा मूर्त हैं, हमारे ब्रह्म से। घिग्घी बँध जायगी तुम्हारी बिलकुल मेरी तरह; भूल जाओगे सारा तर्क-वितर्क; वैसे ही, जैसे मैं भूल रहा हूँ। मैं तो आज भी, अभी भी डर जाता हूँ; अभी ज़रा सी जकड़ मज़बूत हुई नहीं मुझ पर उस संस्पर्श की, कि मैंने डर के मारे आँखें खोल दीं।...लगा प्रार्थना करने कि यह तो वही दस साल पहले जो घटा था मेरे साथ, उसी की पुनरावृत्ति हो रही है। पहले मुझे इतना साहस तो दो, क्या तुम नहीं जानते?—तुम जो सब कुछ जानते हो, सर्वान्तर्यामी हो, क्या तुम नहीं जानते—कि तुम्हारा संस्पर्श, जो मुझे अभी थोड़ी ही देर पहले किस क़दर पुलकित-रोमांचित कर रहा था——अचानक यह क्या हुआ कि वह मुझे भयभीत करने लगा और मैंने घबराकर आँखें खोल दी हैं। अभी...बिलकुल अभी...।

दस बरस पहले भी यही हुआ था—तब तो मैं तैयार नहीं था तुम्हारे स्वागत के लिए।...मगर अब तो मुझे तैयार हो जाना चाहिए ना? फिर क्यों है यह भय, यह हिचक?...बताओ तो। मेरे जीवन और मृत्यु के मालिक! मेरी औक़ात क्या है, हैसियत क्या है कि मैं इस तुम्हारे सीधे संस्पर्श को झेल सकूँ—अपनी इन कमजोर सर्वहारा नस-नाड़ियों पर? पहले मुझे निर्भय तो करो,अपने इस अनाथ-असहाय शिशु को। मैं कहाँ से लाऊँ वह श्रद्धा, वह विश्वास? मेरी जगत्साक्षिणी माँ! तुम ही मेरी जन्मदात्री माँ की तरह मुझे आत्मविश्वास दो ना,—ताकि मैं बिछा सकूँ अपने आप को तुम्हारे सामने—पूरी तरह अर्पित कर सकूँ तुम्हें—अपना यह जीवन, जो मुझे तुम्हीं ने दिया है। मैं, जो इक्कीसवीं सदी का एक लुटा-पिटा-बेसहारा, मगर पूरी तरह होशमंद,

---

* नित्य आनंद के उस समुद्र ने, जिसकी बुद्धि को घुला दिया है, वह ब्रह्मज्ञानी नहीं, बल्कि स्वयं ब्रह्मस्वरूप ही हो जाता है।

(शंकराचार्य—'मनीषा पंचकम्')

पूरी तरह आत्म-चेतन; और–अपनी इस आत्मचेतना की ही सूली पर टँगा हुआ नागरिक हूँ। आखिर मैं क्यों छूट निकलना चाहता हूँ तुम्हारे इस सर्वाश्लेषी संस्पर्श से? पिघला दो माँ, इस जकड़न को, कि मैं घुल जाऊँ, भूल जाऊँ अपनी इस व्याकुल स्व-चेतना को–खो जाऊँ, खो जाने दूँ अपने को–तुम्हारे इस संस्पर्श में...पूरी तरह। आमूलचल।

20

सनक—यानी प्रोफेसर शौनक श्रीवास्तव अचानक प्रगट हो गए सनत्कुमार के साथ। सनातन से उनके घर पर मिलने तो शायद ही कभी कोई आता हो। आ ही गया कोई, तो उसे नीचे दुमंजिले के कमरे में ही बिठा दिया जाता है। क्योंकि बैठने-बिठाने लायक कमरा इस घर में एक वही है। पर ये दोनों तो धड़धड़ाते हुए सीधे ऊपर ही घुस आए हैं सनातन के कमरे में—मानो खुफिया विभाग या इनकम टैक्स वाले हों। अब बिठाएँ कहाँ इनको?

"चलो नीचे चलते हैं"— हड़बड़ाकर सनातन उठ खड़े हुए। डायरी जल्दी से डेस्क के भीतर छुपाते हुए।

मगर दोनों जने वहीं फर्श पर ही ढेर हो गए। क्या बात? आज दोनों इकट्ठे यहाँ कैसे?

"मैं तुम्हारे लिए एक बहुत दिलचस्प नॉवेल लेकर आया हूँ" सनक महाशय बोले। "किसका? तुम 'गैस' करो इसमें एक बहुत ही ज़ोरदार कैरेक्टर है आन्द्रे, जो इतालवी है और चीन में मिशनरी की हैसियत से काम कर रहा था। परंतु रोम के चर्च ने उसे निष्काषित कर दिया है—इसलिए, कि वह 'हेरेटिक' हो गया है और अपनी 'हेरेसी' उसने खुद ही पोप के नाम चिट्ठी लिखकर कबूल की है। छोटी-सी चिट्ठी है। मैं तुम्हें पढ़कर सुनाता हूँ। तुम भाँपने की कोशिश करो, किसका नॉवेल होगा यह।"

"अरे तुम सुनाओ तो सही। एक ही तो अमरीकी लेखक—बल्कि लेखिका—है, जिसने चीन को पृष्ठभूमि बनाकर कई सारे उपन्यास लिखे हैं : पर्ल बक। इस उपन्यास का नाम क्या है?"

'दि पेवीलियन ऑफ वीमन'। बहुत ही ज़ोरदार उपन्यास है। सुनो, क्या लिखता है यह आन्द्रे पोप को?

मैं तो चकित हूँ यह कैसी हेरेसी हुई, जिसके लिए आदमी को जात-बाहर कर दिया जाय? लो सुनो।

महामहिम!

मैं आपको इस पत्र के द्वारा सूचित करना चाहता हूँ कि परमपिता परमेश्वर की जो ईसाई अवधारणा है, उसमें मेरी अब बिलकुल आस्था नहीं रही है। इसलिए, कि मेरा अनुभव उसके खिलाफ़ जाता है। मेरा अनुभव और उस अनुभव पर आधारित विश्वास अब यह है कि परमपिता परमेश्वर और मनुष्य के बीच कोई भेद नहीं है। और...मनुष्य अपनी अंतरतम सत्ता में ईश्वर ही है।''

''अरे, तो इसमें इतना चकित होने की क्या बात है सनक?''—सनातन मुस्कराते हुए बोले—''मनुष्य और ईश्वर एक ही हैं यह कहना तो वैसा ही हुआ ना, जैसा 'अहं ब्रह्माऽस्मि' या 'तत्त्वमसि' कहना। इससे बड़ा कुफ्र और क्या होगा! ऐसा कहने वाले को चर्च निकाल बाहर नहीं करेगा। तो, क्या पूजा करेगा उसकी?''

''तब तो हम सभी काफ़िर ही हुए''—सनत्कुमार बोले। 'ईश्वर अंस जीव अविनासी' तो तुलसीदास भी कहते ही हैं। और अपनी गीता तो हज़ारों साल पहले डंके की चोट पर यही घोषणा कर चुकी थी कि ''मेरा ही अंश जीव बनकर इस मृत्युलोक में उतरा हैः'ममैवांशोजीव लोके जीवभूतः सनातनः'।

''बाइ द वे, वह कौन था जिसे 'अनलहक' कहने पर सूली पे चढ़ा दिया गया था?''—सनक को अचानक याद आया।

''सरमद शायद। या मंसूर। या फिर दोनों। आन्द्रे महाशय तो समझो, बहुत सस्ते में छूट गए।''

''मगर आन्द्रे तो उपन्यास का सबसे जोरदार, संबसे उजला चरित्र है''—सनक ने कहा—''इतने सारे अनाथ बच्चों का संरक्षक,...और निःस्वार्थ सेवक पीड़ित मानवता का। स्वयं उपन्यास की नायिका, जो एक भरे-पूरे संपन्न घर की मालकिन है, मन ही मन उसे बेहद प्रेम करती थी। सच्चा ईसाई है वह। सौ टंच। तो इससे क्या फ़र्क पड़ता है कि वह ईश्वर के बारे में क्या सोचता-मानता है?''

''हद हो गई यार सनक, तुम भी क्या बच्चों जैसी बात करते हो! तुम्हारे लिए फ़र्क नहीं पड़ता होगा क्योंकि तुम्हारे यहाँ धर्म-विश्वास की पूरी स्वाधीनता

है। उनके यहाँ नहीं है। वहाँ तो सारा दारोमदार इसी पर टिका है कि आप मानते क्या हैं?''

''मैं क्या सोचता-मानता हूँ यह ज़्यादा महत्त्वपूर्ण है कि मैं क्या हूँ और आचरण कैसा है मेरा, यह महत्त्वपूर्ण है?''–सनक ने झुँझलाकर कहा।

''तुम्हारा सवाल ही अपना जवाब आप है।'' सनातन बोले। ''आखिर तुम भी तो कभी एक चर्च सरीखी ही पार्टी के बाक़ायदा कार्ड-होल्डर बने थे। क्यों बने थे, अगर 'मानना' महत्त्वपूर्ण नहीं है तो?''

''वो अलग बात है''–सनक ने टोका–''कम्युनिज़्म तो ईश्वर जैसी किसी सत्ता को नहीं मानता।''

''सवाल ईश्वर की सत्ता को मानने न मानने का नहीं है सनत। सवाल चर्च अथवा पार्टी की सत्ता को सर्वोपरि मानने न मानने का है। न मानने की सज़ा दोनों जगह क्या थी, और क्या है, यह तुम अच्छी तरह जानते हो। नहीं तो 'कन्फेशन' और 'इन्क्विज़िशन' दोनों जगह एक से अनिवार्य कैसे हो गए?''

''चलो छोड़ो इसे''–सनक बोला। ''मुझे तो इस उपन्यास ने बहुत ही एक्साइट कर दिया। इसीलिए तुम्हें भी पढ़वा देने को जी मचल गया। पढ़ लो पहले इसे तुम, फिर बात करेंगे। सनत पढ़ चुका है। एक बात बताओ। 'मैं ब्रह्म हूँ'–ऐसा मानने-कहने का भी आधार क्या है? क्या इसमें अहंकार की बू नहीं आती? ऐसे तो हर ऐरा-ग़ैरा नत्थू खैरा अपने को खुदा मानने और कहने लगेगा। समाज में अराजकता फैल जायगी। तब फिर वह अनुशासन, जो ज़रूरी है मनुष्य के सामाजिक जीवन को ढंग से चलाने के लिए–वह कहाँ से आएगा?''

''अनुशासन बाहर से नहीं थोपा जा सकता सनकजी'',–सनत्कुमार बीच में ही टपक पड़े। ''आत्मानुशासन चाहिए। हमारे यहाँ जो अनीश्वरवादी संप्रदाय हैं, वे भी आत्मा को तो मानते ही हैं। कि नहीं मानते?''

''आत्मा किस चिड़िया का नाम है यार?''–सनक ने टोका।

''मनुष्य नाम की चिड़िया का''–सनत्कुमार ताव में आ गए। ''आप आत्मा के नाम पर ही क्यों इस तरह बिदक जाते हैं?'' 'मैं हूँ'–यह बोध ही तो आत्मा है। 'या तिर्यङ् नर देवताभिरहमित्यन्तः स्फुटा गृह्यते'* जैसा

* '' 'मैं' की जो स्पष्ट अनुभूति चराचर जीव-जगत् को–पशुओं, मनुष्यों और देवों को–समान रूप से निरन्तर होती रहती है...'' (मनीषा पंचकम्)

कि शंकराचार्य भी कहते हैं। "आप हर बात को काट सकते हैं; परन्तु इस 'मैं हूँ' की प्रत्यक्ष अनुभूति को नहीं काट सकते। काट सकते हैं क्या?"

"सनक का सवाल दूसरा है सनत"—सनातन बोले। 'मैं हूँ' के साथ ही जो प्रश्न उठता है कि, 'मैं कौन हूँ' उसका सामना किये बिना 'मैं ईश्वर हूँ', कहना या मानना तो—जैसा सनक कह रहे हैं'—अहंकार ही हुआ ना? उसकी काट क्या है? वह आत्मा के बारे में बहस करने में नहीं, आत्मा को साक्षात् अनुभव करने में है। महाभारत साफ़ कहता है—"तमाम श्रुतियाँ अलग-अलग बातें करती हैं। एक भी ऋषि ऐसा नहीं जिसके मत को हम प्रामाणिक मान लें। धर्म का तत्त्व भी ऐसी गहरी पातालगुफा में छुपा है कि वहाँ तक हमारी पहुँच नहीं। तब क्या करें?" महाभारत इसके उत्तर में कहता है—"महापुरुष जिस रास्ते चलते हैं, उन्हीं का अनुसरण करो। अब यह महापुरुष कोई किंवदन्ती तो हैं नहीं। रामकृष्ण को साक्षात् सबने देखा, रमणमहर्षि, श्री अरविंद को भी सैकड़ों-हज़ारों ने अपनी आँखों से देखा-जाना। उसी तरह अभी हाल-हाल तक विद्यमान महात्मा मंगतराम को या निसर्गदत्त महाराज को भी।...तुम किताबों को झुठला सकते हो; मगर अपनी आँख सामने के प्रत्यक्ष मानवीय दृष्टान्तों को कैसे झुठलाओगे?"

"लेकिन ..." सनक ने पैंतरा बदला—"तुम्हारा बहुदेववाद अगर काफी था और अद्वैतवाद भी, तो इस सर्वथा नए एकेश्वरवाद को क्यों प्रकट होना पड़ा?"

"वाह भाई वाह।"—सनत्कुमार बोले—"क्या वैष्णव एकेश्वरवादी नहीं हैं? क्या शाक्त और शैव भी देवी को या शिव को सर्वोच्च परमात्मा मानकर नहीं चलते? वे एकेश्वरवादी नहीं हुए? मगर ... क्या इनका एकेश्वरवाद और तुम्हारे इन तथाकथित विश्वधर्मों का एकेश्वरवाद एक ही चीज़ है? बहुदेववाद या 'पैगनिज़्म' तो हमारे यहाँ ही क्यों, समूची पृथ्वी में फैला हुआ था। उसे लांछित करके हर जगह से खदेड़ने और उजाड़ने का पराक्रम किसने किया? आप अद्वैतवाद और इस 'ऐण्टी-पैगन एकेश्वरवाद' के बीच भी कुछ फर्क या विवेक करेंगे कि नहीं करेंगे? मानेंगे कि नहीं मानेंगे कि अद्वैतवाद और बहुदेववाद तो साथ-साथ बड़े मज़े-मज़े में चल सकते हैं और चलते रहे हैं हमारे यहाँ हज़ारों बरसों से। किन्तु ये एकेश्वरवादी विश्व-धर्म और बहुदेववाद या अद्वैतवाद बिलकुल भी साथ नहीं चल सकते। पूरी दुनिया में, बस सिर्फ एक ही जगह

बची है—हिंदुस्तान, जहाँ ये चल रहे हैं। और वही इन एकाधिकारवादियों को खटकता है। पूरी कोशिश और साजिश भी जारी है इन आसुरी ताकतों-संगठनों की, हमें तोड़ने-उजाड़ने के लिए। क्या तुम अनदेखा कर सकते हो आँख सामने के इन प्रत्यक्ष प्रमाणों को?"

सनक को इस पर चुप्पी साधे देखकर सनातन से नहीं रहा गया। वे भी चालू हो गए।

अब मुझे भी कुछ कहने की इजाज़त है? मैं अरसे से इसी समस्या को लेकर उधेड़बुन में पड़ा रहा हूँ। यह तो जाहिर है ही, कि विरला ही कोई अपने इस अंतरतम परमात्म-स्वरूप का स्वयं अपने बूते साक्षात्कार करने में समर्थ होता है। गीता में कृष्ण साफ़ ही कहते हें कि—'हजारों में कोई एक ही इस सिद्धि के लिए प्रयत्न करता है और उन यत्नशीलों में भी विरला ही कोई मुझे तत्त्वतः जान पाता है।' परन्तु, भले ही ऐसे महापुरुष विरले ही हों, वे होते तो हैं ही। वे होते रहे हैं लगातार...और आगे भी होते रहेंगे। हमारी सहजबुद्धि तब यही न सुझाएगी कि ऐसा जीता-जागता प्रमाण तो किसी भी किताब से अधिक प्रामाणिक होगा। इसलिए, कि वह प्रत्यक्ष और प्रयोग सिद्ध है—हर युग और हर जगह पूरी तरह सत्यापनीय। सत्य का आचार्य जिन्हें कहा जाता है, वे शंकराचार्य भी आखिर क्या कहते हैं? यही न, कि

जागृत स्वप्न सुषुप्तिषु स्फुटतरा या संविदुज्जृंभते'
या ब्रह्मादि पिपीलिकान्ततनुषु प्रोता जगत्साक्षिणी।
सैवाऽहं न च दृश्यवस्तु इति दृढ़ प्रज्ञाऽपि यस्यास्ति चेत्
*चाण्डालोऽस्तु स विप्रोऽस्तु गुरुरित्येषा मनीषा मम॥**

शंकर यहीं नहीं रुकते। जहाँ इस श्लोक में उन्होंने जगत्साक्षिणी चेतना-शक्ति के साथ जीवमात्र के तादात्म्य की बात कही है—वहीं, अगले ही श्लोक में वे 'ब्रह्म' को भी लपेट लेते हैं—यानी 'सर्वं खल्विदं ब्रह्म' की अनुभूति को—जो कि 'सार' भी है और 'विस्तार' भी :

* वह स्वयंप्रकाश संवित् या चेतना जो जागृति, स्वप्न और सुषुप्ति की तीनों अवस्थाओं को व्याप्त किए रहती है, वह अन्तर्वासी जगत्साक्षिणी शक्ति जो ब्रह्मा से लेकर चींटी पर्यन्त प्रत्येक जीव को अपने में पिरोये हुए है, वही मैं हूँ; न कि कोई भी गोचर वस्तु।

ब्रह्मैवाहमिदं जगच्चसकलं चिन्मात्र विस्तारितं।
सर्वं चैतदविद्यया त्रिगुणयाऽशेषं मया कल्पितं॥
इत्थं यस्य दृढ़ामतिः सुखतरे नित्ये परे निर्मले।
*चाण्डालोऽस्तु स तु द्विजोऽस्तु गुरुरित्येषा मनीषा मम॥**

"अब मैं आता हूँ मिल्टन के महाकाव्य की शुरुआत में ही आई बाइबिल की उस सृष्टि-कथा पर, उस अवज्ञा या 'डिसूओबीडियंस' पर, जिसने मुझे उसी तरह कब से चक्कर में डाल रखा था जिस तरह कि हमारे सनकजी को उस ब्रह्मावाली कथा ने। आप लोग दोनों कथाओं की तुलना करके जो भी निष्कर्ष निकालना चाहें, निकालें। मैं आपको अपनी डायरी के सिर्फ दो पृष्ठ इस समस्या को लेकर लिखे हुए सुनाना चाहता हूँ—अगर आप बोर न हों।"

"नहीं, नहीं, सुनाओ"—सनक ने कहा। "बोरियत तो हमने खुद ही बुलाई है—तुम्हारे यहाँ आकर। तो अब तुम्हारा एकान्त भंग करने की जो भी सजा तुम हमें दोगे, हमें कबूल है।"

---

* मैं इस सबका द्रष्टा ही ब्रह्म हूँ—वह परम चेतना, जो यह सारा दृश्यमान् जगत् और कुछ भी नहीं, मात्र इस चिति का ही विस्तार भर है जिसे मैंने ही त्रिगुणमयी अविद्या के द्वारा कल्पित किया हुआ है।

21

कह तो दिया सनातन ने। पर डेस्क से डायरी निकालते हुए उन्हें बड़ी झेंप लगी कि यह क्या कर बैठे? डायरी क्या इस तरह हर किसी को सुनाने की चीज़ है? अरे, तुम्हें ज़रूरत क्या थी, 'मैं डायरी लिखता हूँ' इसका विज्ञापन करने की? जो भी बताना था, वह मुँहज़बानी बता देते। अब भेद खुल गया तो क्या ये लोग इतने से ही संतुष्ट हो जाने वाले हैं?

''अब सोच क्या रहे हो—शुरू करो—'' सनक बोला। ''म्यान से निकली तलवार वापस तो म्यान में जाने से रही। अच्छा...तो गुपचुप आप ये दंद-फंद भी चलाते रहे हैं? क्यों सनत! तुमको पता था—इनकी इस कारगुज़ारी का? हमें तो इतना ही अंदेशा था कि ये कोई किताब लिखने में मशगूल हैं।''

सनक एक क्षण सनातन की निरीह मुद्रा को भाँपते रहे, फिर बोले—''नहीं तो। इन्हें अपना यह 'टॉप सीक्रेट' शेयर करना ही होता तो पहले आप से करते। मगर...'म्यान से तलवार'...आपने खूब कहा। गीता में भी कहा ही है कि 'हे अर्जुन, तू ज्ञान की तलवार निकाल और अपने भीतर के संशय को काट फेंक।...'तस्मादज्ञानसंभूतं हृत्थं ज्ञानासिनात्मनः' ।...खैर, चलिए भाई साहब, शुरू कीजिए।''

''हाँ तो''—सनातन बोले *'ऑफ मैन्ज़ फर्स्ट डिस्ओबीडियंस'*... इस पहली पंक्ति से अपने महाकाव्य *'पैरेडाइज़ लॉस्ट'* की शुरुआत करते हुए, यानी विषय-वस्तु का संकेत कर चुकने के बाद कवि आगे प्रार्थना कर रहा है परमात्मा से, कि यह जो महादुष्कर काम मैंने उठाया है, इसे पूर्णाहुति तक निभा सकने की सामर्थ्य मुझे प्रदान करें।...''

“जैसे कि तुलसीदास ने भी कहा है अपने मानस के आरंभ में ही” —सनत्कुमार से नहीं रहा गया—“कि मेरे भीतर के अंधकार को दूर करो...‘स्वान्तस्तमः शान्तये’...इत्यादि इत्यादि।”

“अरे वाह!”—सनातन उछल पड़े—“बिलकुल यही तो मिल्टन ने भी कहा है। बस ये है कि आगे उसकी बात फर्क हो जाती है और यह डायरी मैंने उसी फर्क को दिखाने के लिए लिखी है। आप सुनिये तो सही। देखिए यह ‘प्राब्लम’ है कि नहीं?”

“पढ़ना शुरू करो।”—सनक ने खीझकर कहा—“सनत, तुम बीच में बिलकुल नहीं बोलोगे। समझे?”

सनातन ने डायरी खोली और पढ़ना शुरू किया।

‘व्हॉट इन मी इज़ डार्क
इल्यूमिन, व्हॉट इज़ लो, रेज़ ऐंड सपोर्ट
दैट टु द हाइट ऑव दिस ग्रेट आर्ग्युमेंट
आइ मे एस्सर्ट इटर्नल प्रॉविडेंस
ऐंड जस्टिफाई दि वेज़ ऑव गॉड टु मैन’

“पहली दो पंक्तियाँ मेरे मर्म को छूती हैं—मुझे सीधे पकड़ती हैं। जब-जब भी मैंने प्रार्थना के विगलन सा कुछ अपने भीतर महसूस किया है, तब-तब अनायास ही मेरे भीतर मिल्टन की इन पंक्तियों का जाप होने लगता है—आप से आप। किन्तु चौथी-पाँचवी पंक्तियों तक आते-आते मैं अटक जाता हूँ। यह मेरी प्रार्थना नहीं हो सकती। सर्वशक्तिमान् परमेश्वर के तौर-तरीकों का पक्ष लेकर वकील की तरह जिरह करते हुए उन्हें न्यायोचित ठहराने की। भला क्यों? परमात्मा यदि परमात्मा है—केवल सातवें आसमान में बैठा परमपिता नहीं—तो उसे आदमी की अदालत में अपना बचाव करने-करवाने की ऐसी ज़रूरत ही क्यों पड़नी चाहिए?”

मुझे लगता है, यह तो शुरुआत ही गड़बड़ हो गई। ज़रूर परमपिता की इस अवधारणा में ही कहीं कोई खोट है। आखिर एक कवि से ज़्यादा इस प्रतीति के प्रति संवेदनशील और कौन होगा कि अगर इस जीवन-संसार की रचना करने वाली कोई सर्वशक्तिमान् सत्ता है, तो वह घट-घटव्यापी, चराचरव्यापी सत्ता ही हो सकती है, न कि सातवें आसमान में बैठी कोई निरंकुश

सत्ता—जो यही चाहती है कि सृष्टि के किसी भी कोने में कुछ भी पूज्य या पवित्र शेष न रह जाये, एक उसी को छोड़कर। ऐसे परमपिता पर—उसकी तथाकथित न्यायप्रियता और दयालुता पर भी कोई बुद्धिमान् मनुष्य विश्वास करे भी तो कैसे? उसका इतिहास या तो उसके विरुद्ध विद्रोह का ही इतिहास हो सकता है या फिर उसी को अपना मॉडल बनाते हुए उसी की अनुकारी साम्राज्यवादी-उपनिवेशवादी तानाशाही का। आखिर आदमी को रचने की उसे ज़रूरत क्यों पड़ी?...इसीलिए ना, कि जेठा लुसिफर जब ऐसी ही अवज्ञा के दंडस्वरूप अपने सारे अनुयायियों की फौज समेत स्वर्ग से पाताल में पटक दिया गया तो फरिश्तों की आबादी में भारी कमी आ गई और उसी की क्षतिपूर्ति के लिए, तथा लुसिफर (अब 'शैतान') को नीचा दिखाने के लिए आदम को उपजाया गया? फिर जब आदम को भी ऐसी ही चूक के लिए स्वर्ग से निष्कासित कर दिया गया तो परमपिता के ही कनिष्ठ पुत्र ने मनुष्य के शापमोचन की खातिर खुद की कुर्बानी देने का फैसला किया और परमपिता ने उसे क़बूल भी कर लिया।

~

इसी पर तो प्रख्यात साहित्य-मनीषी विलियम एम्पसन ने अपनी बहुचर्चित पुस्तक *'दि ग्रेट रिएक्शनरीज़'* में सीधा सवाल उठाया था कि "यह कैसा परमपिता है जो अपने एकमात्र पुत्र की बलि लेकर ही संतुष्ट हो सकता है?"...एम्पसन अकेले ही क्यों, पश्चिम के अनेक प्रसिद्ध विचारकों ने भी इसी तरह के अनेकानेक असुविधाजनक सवाल उठाए हैं—जैसे मसलन, सिमोन वेल ने ही। परन्तु, जहाँ तक मेरी जानकारी है, आज तक उनके किसी भी धर्माचार्य ने उन सवालों का सामना करने की ज़रूरत नहीं समझी।

~

स्वयं मिल्टन के महाकाव्य में शैतान का चरित्र जिस अविस्मरणीय गरिमा, भव्यता और शक्तिपुंज स्वातंत्र्य के प्रतीक की तरह उभरा है, उसकी तुलना में विजेता की तरह प्रस्तुत किये गये क्राइस्ट कहीं ठहरते ही नहीं। यह क्या जताता है? यही न, कि स्वयं मिल्टन के भीतर गहरा अन्तर्द्वन्द्व था? तभी तो विलियम ब्लेक तक को कहना पड़ा कि, "मिल्टन इज़ ऑफ द डेविल्स पार्टी विदाउट नोइंग इट..." अर्थात् मिल्टन अपने अनजाने में ही शैतान के पक्ष में खड़ा हो गया है। घोषित उद्देश्य उस महाकवि का भले ही कुछ और रहा हो, किन्तु

सारी काव्य-ऊर्जा तो उनकी उस विद्रोही स्वातंत्र्य-वीर का चरित्र खड़ा करने पर ही निछावर हो गई।

पाठ समाप्त हुआ ही था कि सनक का हाथ डेस्क की ओर लपका और हड़बड़ाकर सनातन ने तुरन्त अपनी डायरी डेस्क के भीतर छुपा ली। सनक मुस्कुराने लगे।

''अच्छा है''—उन्होंने फैसला सुनाने के अंदाज़ में कहा—''तुम्हारा स्टैंड गलत नहीं है। वह गॉड ही क्या, जिसे 'डिफेंस' की या 'जस्टीफिकेशन' की ज़रूरत पड़े! मगर किया तो तुम्हारे कवि ने आखिर वही ना? जिताया तो क्राइस्ट को ही!''

''कैसी जीत?''—सनत्कुमार बोले। कुछ लोग जीत कर भी हार जाते हैं और कुछ हारकर भी जीत जाते हैं। दाँव पर आपने क्या लगाया है, सवाल इसका है। मुझे तो लग रहा है कि इस समूची पाश्चात्य सभ्यता के बारे में भी यही सच है। उन्होंने हमेशा 'दूसरों' को ही दाँव पर लगाकर जुआ खेला है। पर, उनको पता नहीं है कि अब जिस शिखर पर वे आज खड़े हैं वह ज्वालामुखी है और उन्हीं को निगल जाएगा। और उनके साथ ही हम सबको भी।

''फालतू बात मत करो''—सनक उठ खड़े हुए। ''उन्हें अच्छी तरह पता है कि वे कहाँ खड़े हैं और अब उन्हें क्या करना है। उनकी तो खूबी ही यह है कि वे खुद ही समस्याएँ उपजाते हैं और फिर खुद ही उनके हल भी ढूँढ लेते हैं। दूसरों का मुँह ताकते नहीं बैठे रहते तुम्हारी तरह। सभ्यताओं की इस टकराहट में तुम हो कहाँ?''

*''हंटिंग्टन...?...''*सनातन के होंठ फड़फड़ाए। मगर फिर जाने क्या सोचकर चुप हो गए। पर सनत से नहीं रहा गया। सीढ़ियाँ उतरते हुए उसने एक जुमला उछाल ही दिया।

''हिंदुस्तान की प्रतिभा हारने की प्रतिभा है। हार कर ही अंततः जीतने की।''

''बहुत अच्छे''—सनक गुर्राये। इसी को कहते हैं कि 'रस्सी जल गई, मगर ऐंठन नहीं गई।''

''ऐंठन नहीं भाई साहब, आत्मविश्वास और धीरज कहिये।'' सनत की आवाज़ बहुत नीचे से आती हुई ऊपर खड़े सनातन को सुनाई दी। ''सनातनजी, सुन रहे हैं?''

"हाँ, हाँ, सुन रहा हूँ—बोलो क्या कह रहे हो?"

यही, कि हमारा अपना कवि भी कुछ कहता है। क्या? यही, कि..."धैर्य पराजय में—यह भी गौरव है।"

सनक ने इस पर भी अपनी मिसाइल दागी होगी ज़रूर। पर वहाँ सीढ़ियों के ऊपर खड़े सनातन को कुछ सुनाई नहीं पड़ा।

22

"ब्राइट एंड कॉर्नर"। पूरे लड़कपन भर हम इसे हमेशा 'ब्राइटन कार्नर' करके पुकारते रहे। अब जाकर इस नामकरण का भेद खुला कि यह शहर का वह कोना है जो शाम के वक़्त सबसे ज़्यादा उजला और चमकदार हो जाता है। इसलिए, कि यहीं सामने स्याहीदेवी पहाड़ के पीछे सूर्यास्त होता है और अस्ताचलगामी सूर्य की किरणें बहुत देर तक समूचे दृश्य को जगमगाती रहती हैं।

मैं शाम को टहलने इसी तरफ़ आता हूँ—हालांकि बहुत सारी सीढ़ियाँ उतरनी पड़ती हैं इस जगह तक पहुँचने के लिए। और उतार में मेरे घुटने कुछ ज़्यादा ही दर्द देते हैं। चढ़ाई में इतनी तकलीफ नहीं होती, हालांकि साँस ज़रूर फूल जाती है।

हस्बमामूल मैं उतर रहा था 'ब्राइट एंड कॉर्नर' की सीढ़ियाँ।...अचानक दर्द की एक ऐसी लहर उठी दाएँ घुटने के ऊपर, कि मुझे चक्कर सा आ गया। गिरते-गिरते बचा। इतने में एक युवती जाने कहाँ से प्रगट हो गई और उसने मेरी बाँह थाम ली। "बाबा! बैठ जाइये थोड़ी देर यहीं। मोच तो नहीं आ गई कहीं?"

"नहीं, मोच-वोच कुछ नहीं आई है। यूँ ही"...मैंने कहा। *"सो काइंड ऑफ यू!"* पर वह नहीं मानी। मुझे उसने वहीं किनारे की चट्टान पर ज़बरदस्ती सहारा देकर बिठा दिया और खड़ी रही चुपचाप। "रिलैक्स प्लीज़!... फिर मैं आपको छोड़ आऊँगी नीचे तक"—वह बोली।

"अरे नहीं। मुझे कुछ नहीं हुआ है। आप चिंता न करें। मैं तो रोज़

आता हूँ यहाँ तक टहलने''—मैंने कहा। वह मुस्कराई। ''मेरे बड़े अंकल भी ऐसी ही ज़िद करते हैं। मानने को तैयार ही नहीं, कि अब उन्हें सहारे की ज़रूरत है और उन्हें अकेले नहीं निकलना चाहिए।''

मैं चुप बैठा रहा। इस इंतज़ार में, कि वह टले और मैं अपना रास्ता लूँ। वह कुछ देर मुझे एकटक ताकती मुस्कराती हुई खड़ी रही। फिर मेरी अन्यमनस्कता को भाँपकर ''ओके सर, टेक केयर'' कहती हुई ऊपर की ओर बढ़ ली। मैंने भी चैन की साँस ली।

मैं उसे कैसे बताता, क्यों बताता कि मेरा मन मेरे शरीर से स्वतंत्र अपनी एक निराली ही सत्ता जता रहा है। कैसे कहता उससे, और भला क्यों कहता, कि—इस वक़्त भी, जब तुम मुझे एक कमज़ोर और चलने-फिरने में भी लाचार शरीर भर मानकर करुणा-विगलित होकर मेरी मदद को दौड़ आई हो, तब, मेरा मन, तुम्हें पता है, क्या कह रहा है मेरे इस शरीर से? कह रहा है—''मैं तुम्हारे अधीन नहीं हूँ। तुम्हीं को मेरे अधीन रहकर काम करना है। क्योंकि मैं तुम्हारी तुलना में असंख्य गुना सूक्ष्म हूँ। तुम मुझे गड्ढे में पटक सकते हो। तुम मुझे कभी-कभी बेतरह खिझा और रुला तक सकते हो। पर तुम्हें पता भी नहीं चलता कि मैं कब कैसे अकस्मात् तुम्हारे पैदा किये उस गड्ढे से उछलकर ऊपर आसमान में उड़ने लगूँगा और तुम खुद उस गड्ढे में पड़े विस्फारित आँखों से मुझे देखते रह जाओगे। तुम अपना खेल खेलो—मैं अपना खेल खेलूँगा। लाख उपद्रव मचाते रहो, तुम मेरा खेल नहीं बिगाड़ सकते। मैं तुम्हारे लिए नहीं, तुम ही मेरे लिए बने हो। क्या कर सकते हो तुम? —क्या कर लोगे ज़्यादे से ज़्यादा? मुझे लुंजपुंज—अपाहिज बना दे सकते हो। यही ना? कौन है यह, जो तुम पर नहीं, सिर्फ अपने ऊपर झुँझला रहा है? नहीं! यह मैं नहीं हूँ, नहीं हूँ, समझे?—मैं तो खुद अपनी पकड़ से बाहर हूँ। तुम मुझे क्या छोड़ोगे!—मैं ही तुम्हें छोड़ दूँगा—मैं ही तुम्हें फेंक जाऊँगा यहीं; और—एक नया-ताज़ा शरीर ढूँढ लूँगा—इस भय और शोक से परे...और, फिर भी, फिर भी भीषण सुंदर और सदाबहार मर्त्यलोक में।''

~

नहीं भई, नहीं! इस मर्त्यलोक से—जिसे महाभारत 'सहस्रमुख भय और शोक का स्थान' कहता है और बिलकुल सही कहता है—मेरा मन अभी नहीं भरा।

सब कुछ के बावजूद अभी भी नहीं भरा। कुछ होगा ना यहाँ, तभी न स्वयं महाभारत भी अन्यत्र एक जगह यही कहता पाया जाता है कि 'कुछ भी हो, असली कर्मभूमि, असली पुरुषार्थभूमि तो मनुष्य की—यानी नर-रूपी नारायण की यही है।' तभी न देवता तक यहाँ जन्म लेने को तरसते हैं। क्यों तरसते हैं देवता भला? क्या है वह, जो उनकी देवभूमि में उन्हें नसीब नहीं? हो सकता है, सबसे ऊँचा पुरुषार्थ मोक्ष ही हो। मगर उस चरम-परम स्वतंत्रता को सिद्ध करने के लिए भी मुझे अभी बहुत समय लगेगा, जाने कितने जन्म लेने होंगे, जाने कितने चोले बदलने होंगे।...मैं कृतघ्न नहीं हूँ मेरे वाहन! मेरे गरुड़! मेरे चूहे!...संत फ्रांसिस असीसी वाले —पता है—तुम्हें कितने प्यार से 'मेरा गदहा' कहकर बुलाते थे?...तुमने मेरा बहुत साथ दिया प्यारे! तुम्हारे माध्यम से ही तो मैंने उन्हीं पंचतत्त्वों से निर्मित इस प्रकृति की समस्त विभूतियों का दरस-परस पाया, जिनसे तुम्हारी भी रचना हुई है; और इस अखण्ड सौभाग्यवती अवढरदानी प्रकृति की भी। रूप-रस-गन्ध-स्पर्श और स्वाद की अक्षय खान की। तभी न तमाम कवियों और ऋषि-मुनियों ने भी इसकी आरती उतारी है—बारम्बार यहीं इसी मर्त्यलोक में लौटने की लालसा जताई है।...''मैं बार-बार हठ करके अनन्य यह मानव-लोक वरूँ।''...क्यों कह गया हमारा अपना कवि?

हाँ, मेरे वाहन! मैं इस पल-पल परिवर्तनशील अपरा प्रकृति से अभी नहीं ऊबा, अभी नहीं विरक्त हुआ। माया कहो, कुछ भी कहो, अब तो यही मेरी माई है, यही मेरी प्रिया है।...अपरा, परंतु अपने ही ढंग से अपरम्पार...। मैं नहीं जानता, इस 'अपरा' का उस 'परा' से क्या रिश्ता है—जिसकी बात 'गीता' करती है। मैं तो खुद अपने अनुभव की ही बात जानता हूँ —शरीर के साथ अपने सम्बन्ध की बात, प्रकृति के साथ अपने सम्बन्ध की बात। नहीं, मैं शरीर से नहीं बिदकता, मैं प्रकृति से भी नहीं बिदकता। अनासक्तियोग और वैराग्य और संन्यास की सारी सचाइयों के बावजूद।

मैं नहीं जानता—'मैं हूँ' की मेरी इस निरन्तर प्रतीति का, ''मैं यह भी नहीं, वह भी नहीं; किन्तु मैं यह सब, और...और भी बहुत कुछ हूँ'' की समानांतर प्रतीति के साथ क्या सम्बन्ध है? पर, इतना तो पक्के तौर पर जानता हूँ कि सम्बन्ध तो है ही। आखिर यदि महावाक्य भी एक नहीं, बल्कि चार-चार हैं, तो क्यों हैं? केवल 'तत्त्वमसि' ही तो नहीं है, 'अहं ब्रह्मास्मि' और 'अयमात्मा

ब्रह्म' – और 'सर्वं खल्विदं ब्रह्म' भी तो हैं। क्यों हैं? और इसका जीवन-तिरस्कारी नहीं, जीवन-स्वीकारी, जीवनदायी अर्थ क्या है, इसे तो सच्चा योगी ही जान सकता है ना? क्यों मुझे लगता है कि तमाम तरह के विद्वानों का भी विद्वान्, दार्शनिकों का भी दार्शनिक और नेताओं का भी नेता कोई योगी ही हो सकता है–सचमुच का ज्ञानयोगी, सचमुच का कर्मयोगी।

23

अभी उस दिन सनक आया था मेरे घर। मुझे अनंतपुर से देहरादून लौटे भी तीन महीने बीत गए। कोई सूचना नहीं, कुछ भी नहीं, अचानक, नितांत अप्रत्याशित था उसका इस तरह आ टपकना। वह भी सामान के साथ सीधा स्टेशन से। बंगलौर गया था किसी सेमिनार में—वहाँ से उल्टा रास्ता पकड़कर सीधा स्टेशन से मुझसे मिलने चला आया। आते के साथ ही उसने जो धाराप्रवाह भाषण शुरू कर दिया, मैं तो भौंचक्का रह गया। इतना बड़ा परिवर्तन उसमें आ सकता है, मेरे लिए तो यह अकल्पनीय था। उसका कोई दोस्त है वहाँ बंगलौर में, उसने उसे कुछ ऐसी किताबें पढ़वाईं जिन्होंने उसका दिमाग़ ही फेर दिया। मुझे भी भेंट कर गया है दो किताबें : एक तो पी. डी. आउस्पेंस्की का *'दि फोर्थ वे'* और दूसरा उसी के गुरु गुर्जीफ़ की लिखी *'ऑल ऐंड ऐवरीथिंग'*।...सनक तीन दिन रहा मेरे साथ, और पूरे समय वह गुर्जीफ़ और आउस्पेंस्की के ही बारे में बात करता रहा। उसका तो जैसे धर्मान्तरण ही हो गया है। 'धर्मान्तरण तो यूँ मेरी दृष्टि में महापाप है क्योंकि वह धर्मान्तरित व्यक्ति के समूचे अतीत की हत्या है। किंतु सनक सरीखे व्यक्ति का धर्मान्तरण, धर्मान्तरण नहीं, अपने स्वधर्म में वापसी है। उसके दोस्त ने उसे 'गुर्जीफ़ फाउण्डेशन ऑव इंडिया', बंगलौर का बाकायदा सदस्य भी बना दिया है और इतना ही नहीं, सनक तो देहरादून में भी उसकी शाखा खोलने को उत्कंठित है। मुझसे कह रहा था—"तुम यह योग-वोग छोड़ो। और गुर्जीफ़ का खोजा हुआ यह सीधा रास्ता पकड़ो। 'चौथा रास्ता'—यानी 'चेतना का रास्ता'—*द वे ऑफ कॉन्शियसनेस*। गुर्जीफ़ के शिष्य आउस्पेंस्की का कहना है कि परंपरा से जो तीन रास्ते चलन में थे—*'दि वे ऑफ दि मोंक'* (संन्यासी

का रास्ता), *'दि वे ऑफ दि फकीर'* और *'दि वे ऑफ दि योगी'*, वे तीनों रास्ते अब इस अत्याधुनिक वैज्ञानिक युग में पुराने पड़ चुके हैं, अप्रासंगिक हो गए हैं। एकमात्र बुद्धिसम्मत, व्यवहार-सिद्ध, प्रयोग-सिद्ध रास्ता अब यही बचा है—यह चेतना का रास्ता।''

मैं चकरा गया। अपने कानों पर विश्वास ही नहीं हुआ।...''अरे, तुम तो चेतना में विश्वास ही नहीं करते थे—जड़वादी थे तुम तो पक्के। यह अचानक तुम्हें हो क्या गया?''

सनक इस पर जोरों से हँस पड़ा। ''तुम पहले पढ़ो तो सही, यह गुर्जीफ़ कहता क्या है। वह तो आत्मा-परमात्मा या धर्म वग़ैरह की बात ही नहीं करता। कहता है 'सोल' भी मैटर ही है, मगर कल्पनातीत रूप से सूक्ष्म मैटर। यह समूचा ब्रह्माण्ड जो है, सब 'वाइब्रेशंस' का खेल है। सौ फीसदी वैज्ञानिक दृष्टि है गुर्जीफ़ की। और उसके शिष्य आउस्पेंस्की की, जो गुर्जीफ़ से मिलने से पहले ही गणितज्ञ और दार्शनिक के रूप में ख्यात हो चुका था। यह तुम्हारा 'योगा' नहीं है भई। उससे कहीं ऊँची, एकदम मॉडर्न चीज़ है। चलो मेरे साथ कभी बंगलौर, तो मैं तुम्हें 'फाउण्डेशन' ले चलूँगा। तुम अपनी आँखों से देख सकोगे इस 'फुलप्रूफ मैथोलॉजी को। अगले महीने मुझे फिर जाना है बंगलौर। तब मेरे साथ तुम भी चले चलो।''

मुझे हँसी आनी ही थी। मैंने कहा—''तुम मुझे 'कन्वर्ट' नहीं कर सकते सनक। हाँ, तुम खुद 'कन्वर्ट' हो गए, मुझे इस बात की गहरी प्रसन्नता है। लाए तो हो तुम मेरे लिए गुर्जीफ़ का पूरा लिटरेचर। तुमने मेरी उत्सुकता जगा दी है—जगा क्या, भड़का दी है। तो, मैं यह सब लिटरेचर पढ़ूँगा ही। और...भइया, जब तुम खुद ही इतनी पक्की ट्रेनिंग लेकर आए हो, तो मुझे अलग से बंगलौर जाने की ज़रूरत क्या है? तुम्हीं से सीख लूँगा वह सारी 'मैथोलॉजी', जिसने तुम्हें इस क़दर पलटा खिला दिया है। तुम तो जानते हो, गुरु-वुरु में मेरी वैसी श्रद्धा भी नहीं है—कभी मिला ही नहीं कोई मुझे। मगर, तुम्हें गुरु बनाने में मुझे कोई दिक़्कत नहीं है क्योंकि तुम मेरे सबसे पुराने सखा हो। और, हाँ,...तुम इस खुशफहमी में भी मत रहना कि मैंने तुम्हारे ही मुँह से पहली बार गुर्जीफ़, आउस्पेंस्की का नाम सुना है। पर यह तो बताओ, तुम सिर्फ किताबें ही किताबें लाये हो, या कुछ और सामग्री भी।

सनक इस पर थोड़ा चकराया। ''कुछ और सामग्री, मतलब?''

''म्यूजिक कैसेट्स और फिल्में?''—मैंने कहा। मैंने सुना है, गुर्जीफ़ के 'सिस्टम' में संगीत और नृत्य—'मूवमेंट' जिसे वह कहता है—खासी जगह घेरते हैं। पीटर ब्रुक ने, जिसने 'महाभारत' पर अपनी जगत्प्रसिद्ध फिल्म बनाई है, उसी ने गुर्जीफ़ की उस मशहूर किताब—जिसका अभी तुमने ज़िक्र किया था—*'मीटिंग विद रिमार्केबल मैन'* पर भी फिल्म बनाई है। मैंने तो बस सुना भर है उसके बारे में। देखा नहीं कभी।

''मेरे पास है। देखोगे?'' सनक बच्चों की तरह उल्लसित हो उठा। सूटकेस खोलकर उसने फिल्म की डी.वी.डी. निकाली और कुछ संगीत के कैसेट्स भी, जिन पर *'गुर्जीफ़-हार्टमान म्यूजिक'* लिखा हुआ था।

~

सनक वह सारी सामग्री मेरे पास छोड़ गया है। अभी इसी महीने फिर आने वाला है, तब वापस ले जाएगा। म्यूज़िक तो मुझे कुछ खास नहीं जमा। पर फिल्म मुझे बहुत अच्छी लगी। दो-तीन बार देख चुका हूँ उसे और अभी भी मन नहीं भरा मेरा उससे।

कमाल है, मेरे सखा सनक का यह कायाकल्प। मैं तो अभी भी इस शॉक से नहीं उबर पाया। तीन दिन लगातार उसके साथ रहकर भी। मगर कितना आनंददायी शॉक! भगवान करे, ऐसा शॉक सबको लगे।

मैंने वे दोनों किताबें भी पढ़ ली हैं। आद्योपान्त। मुझे इसमें कोई संदेह नहीं कि यह गुर्जीफ़ अपने आप में बीसवीं सदी की एक विलक्षण घटना है। *'फेनोमिना'* जिसे कहा जाय तो अत्युक्ति नहीं होगी। यह भी मैं मान गया कि 'दि फोर्थ वे'—जिसे वह कहता है—वह सचमुच सबके परखने और बरतने लायक रास्ता है। पर, है वह मनुष्यजाति का, और हमारा अपना प्राचीन ज्ञान ही। बेशक उस प्राचीन ज्ञान को उसने अपने दम पर—फिर से खोजा और कमाया है और ऐसे मौलिक रूपाकार में ढाल दिया है उसे, जिससे कि, वह एकदम समसामयिक और ब्रैंड न्यू तरोताज़ा लगने लगा है। यह भी सच है कि गुर्जीफ़ निहायत विज्ञानसम्मत ढंग से अपनी खोजों को प्रस्तुत करता है। कोई विधि-निषेध नहीं हैं उसके यहाँ। कोई उस तरह की पाबन्दियाँ भी नहीं। शब्दावली भी उसकी निहायत वैज्ञानिक है; रहस्यवादी बिलकुल नहीं। न उस

तरह सीधे-सीधे धार्मिक ही उसे कहा जा सकता है। इसीलिए तो सनक सरीखे पदार्थवादी भी उसकी लपेट में आ गए। ग़जब का चुम्बक है इस आदमी में। मास्टर-गुरु तो है ही वह पक्का, इसमें कोई शक नहीं। सचमुच करिश्माई है उसकी शख्सियत। निहायत मौलिक और ऐडवेंचरस।

हालांकि जो बात मैं सनक से कहना चाहता था और कह नहीं पाया, वह थी कि यह जड़वादियों को भी रास आ जाने वाली साधना-पद्धति—जो गुर्जीफ़ ने खोजी और जिसे अपनाने में सनक तक को कोई कठिनाई पेश नहीं हुई—वह दरअसल अपने अन्तरंग मर्म में आध्यात्मिक ही है; और बहुत गहरे में धार्मिक भी। आखिर इस आदमी ने जो अपनी युवावस्था के सबसे ऊर्जावान् और मूल्यवान् बीस बरस मध्य एशिया की सूफी कन्दराओं और कदाचित कुछ तिब्बती मठों में भी बिताए, सो यूँ ही नहीं बिताए। जाहिर है कि उस अति प्राचीन, आध्यात्मिक ज्ञान को आज के इस चरम भौतिकवादी टेकनोलॉजिकल युग में इसी तरह खोजा और प्रस्तुत किया जा सकता था। कैसा भी शंकालु तार्किक क्यों न हो, उसमें कोई छिद्र नहीं ढूँढ सकता। मगर है वह गहरे में हमारा प्राचीन परमात्म-विज्ञान ही। बेशक जड़वादी चोले में। वह परमात्म-विज्ञान, जिसे गुर्जीफ़ 'साइंस ऑफ बीइंग' कहता है। और, ठीक ही कहता है।

मैंने सनक से ऐसा कुछ नहीं कहा तो ठीक ही किया। क्या फर्क पड़ता है?...'एक तत्त्व की ही प्रधानता कहो उसे जड़ या चेतन।'...

मगर यह पंक्ति लिखने वाला भी जड़वादी तो नहीं ही था ना? वह तो कश्मीरी शैवागम का अनुयायी था। स्पंदवादी था। जैसा कि गुर्जीफ़ भी है ही; बेशक अपने ही ढंग से।

सनक! मैं तुम्हारे साथ हूँ। पर मुझे सचमुच ही पता नहीं था—तुम्हारे भीतर भी ऐसी तगड़ी तलब, ऐसी प्यास मौजूद है। तुम सही प्याऊ तक पहुँचे हो सनक। तुम्हें ज़रूर आत्म-ज्ञान हासिल होगा।

सुनो, मैंने तुमसे पता नहीं कैसे कह दिया कि मुझे गुरु मिला ही नहीं कोई। मैं ग़लत कह गया। तुम तो जानते हो, जिस उत्साह के साथ तुम आज गुर्जीफ़ की बात करने लगे हो, कुछ वैसे ही जोश के साथ कभी मैंने तुमसे श्री अरविंद के बारे में बात की थी। तब तुमने मेरा जमकर मज़ाक उड़ाया

था। मेरी भर्त्सना की थी। श्री अरविंद के बारे में अनाप-शनाप बकवास की थी। हाँ तो, सचमुच गुरु जैसी भूमिका अगर किसी ने निभाई है मेरे साथ, तो श्री अरविंद ने ही। जबकि मैं कभी पांडिचेरी तक नहीं गया—श्री अरविंद या श्री माँ को देखने—मिलने—का तो कोई प्रश्न ही नहीं। किंतु जिस आदमी के लिखे 'सिंथेसिस ऑफ योग' भर को पढ़ते हुए—महज़ पढ़ने मात्र से—हम—मुझ सरीखे संशयात्मा भी—आनन-फानन सीधे ध्यानयोग में उतर जाते हैं—सारी विघ्न-बाधाओं के बावजूद—स्वयं अपनी घोर अविश्वासी बुद्धि और तर्क-विषाद के बावजूद—वह तुम्हारा गुरु नहीं तो और क्या है? ऐसा चमत्कार तो मेरे साथ और कभी भी किसी भी किताब को पढ़कर नहीं घटित हुआ।

तुम मानोगे नहीं। मगर मुझे तो गुर्जीफ़ और श्री अरविंद के बीच एक बहुत ही गहरा साम्य दीख रहा है। दोनों के लिए 'इवोल्यूशन' और 'इनवौल्यूशन' बुनियादी महत्त्व रखते हैं। दोनों प्रगतिवादी हैं। दोनों महासाहसिक। दोनों के लिए अध्यात्मविद्या प्रथम और अंतिम रूप से मानवीय चेतना का ही ऐडवेंचर है।

पर...मेरी विडम्बना तो देखो सनक। बहुत विलम्ब से ही सही, तुम्हें गुरु मिला तो सही। मुझे तो मिलकर भी नहीं मिला। वह क्या है जो मुझे कहीं भी टिकने-जमने नहीं देता? यह कैसी फितरत है मेरी? दुनिया भर के सारे संक्रामक जैसे मुझी से आ चिपटे हैं। मेरा ही खून पीने को। इसे कालगति कहें, क्या कहें? कौन उबारेगा मुझे इन सर्वव्यापी संक्रामकों से?

क्या तुम्हारा गुर्जीफ़ मुझे वह दे सकता है, जो श्री अरविंद भी नहीं दे सके? देकर भी नहीं दे सके?

मुझे नहीं लगता। गुर्जीफ़ का होना, बेशक बीसवीं सदी की एक असाधारण घटना है। पर श्री अरविंद भी कोई कम नहीं। गुर्जीफ़ की तुलना में वे उन्नीस नहीं, इक्कीस ही ठहरेंगे। एक और बात। गुर्जीफ़ अन्ततः पाश्चात्य जगत् को ही संबोधित कर रहा था—जहाँ उसकी जड़ें हैं। इसलिए उसकी पद्धति भी उन्हीं को रास आने वाली है। हम भारतवासियों के लिए संभवतः श्री अरविंद का मार्ग ही अधिक सहज ग्राह्य है। अधिक श्रेयस्कर भी। पर...जिसको जो रास आ जाए, उसके लिए वही ठीक है। पहुँचना तो सबको अपने असली घर ही है।

तुम्हें पता है सनक,—तुम्हारी रूसी क्रान्ति हुई, तब तुम्हारा यह गुर्जीफ़ मास्को में ही था। वह वहीं अपना स्कूल खोलना चाहता था। पेरिस में कदापि

नहीं। मगर पहले प्रथम विश्व युद्ध, और फिर तुरन्त ही इस रूसी क्रान्ति के कारण–जिसे उसने 'मैडम रशियन रिवोल्यूशन' कहा है एक जगह–उसे रूस छोड़ कर जाना पड़ा।

'मैं भी एक तरह का कम्युनिस्ट हूँ' – अरविंद 'ईवनिंग टॉक्स' में एक जगह कहते हैं। मैं तो एकदम चौंक पड़ा था इस पर। फिर लगा, *'वन्स अ रिवोल्यूशनरी, ऑलवेज़ अ रिवोल्यूशनरी'* वाला जुमला थोड़ा इन पर भी तो लागू होता है। यूटोपिया तो इनका भी है ही। बेशक, मार्क्स को इन्होंने सिर के बल खड़ा कर दिया है। पर हुआ तो यह भी अपने ही ढंग का एक और यूटोपिया ही। जहाँ तक मेरा सवाल है, मेरा कोई यूटोपिया नहीं है। मैं तो सिर्फ जीने और 'जानने' का रिश्ता समझना चाहता हूँ। मेरी तो जो भी लड़ाई और सगाई है, वह इसी ज़िन्दगी नाम की नियामत या अलामत के साथ रही है। मैं तो केवल दुःख और त्रास की पराकाष्ठाओं को जानता हूँ और उन्हीं के बीच फूलते-फलते हर्षोल्लास की पराकाष्ठाओं को भी। मैं तो केवल उस 'देवताथान' को जानता हूँ, जहाँ से नित्यप्रति मेरा दिन उगा करता था और वहीं अस्त भी होता था। मैं तो सिर्फ उस गाय के गोठ को और आडू के पेड़ को और छत पर पसरी उस जाड़े की धूप को जानता हूँ, जिसने मुझे जीवन की पहली-पहली पहचान कराई। मनुष्य, पशु-पक्षी और वनस्पति,...और हाँ...देवताओं के भी अटूट-अविच्छिन्न-अविच्छेद्य सम्बन्ध की पहचान कराई। उसी ने मुझे पर्यावरणविद्––'ईकोलॉजिस्ट' बनाया और वही मुझे उस समग्र जीवन-दर्शन की खोज के लिए भी उकसाता-प्रेरित करता रहा है। जो खोज मेरी अभी भी जारी है। और जारी रहेगी मरते दम तक।

क्यों... आखिर क्यों मैं अपने को बारम्बार रटन्त की तरह वही दो-तीन बातें जिस-तिसके सामने दोहराते देखता हूँ...ऐसे, जैसे वे मुझी में से, मेरे ही पूरे वजूद को फोड़कर अंकुरित हुई हों...?

...एक तो सुदूर बचपन से ही मुझे रटा हुआ 'हितोपदेश' का वह श्लोक...'अजरामरवत्प्राज्ञो विद्यामर्थे च चिन्तयेत्/गृहीत इव केशेषु, मृत्युना धर्ममाचरेत्''

अर्थात्, मनुष्य को विद्या और अर्थ के पीछे तो ऐसा खटना चाहिए मानो वह अजर-अमर ही हो। किन्तु धर्म का पालन उसे ऐसे करना होगा जैसे मौत अभी इसी क्षण उसका झोंटा पकड़े उसके सामने ही खड़ी हो।

सनक, तुम्हें पता है, तुम्हारा गुर्जीफ़ भी बिलकुल, ... बिलकुल यही बात कहता है—हितोपदेश से भी ज़्यादा लट्ठमार तरीके से?*

और, दूसरी बात ... यह, कि "बुद्धिमान् मनुष्य वह है, जो समस्त जीवितों और समस्त मृतकों को अपने भीतर ही पा लेता है।"**

अपने भीतर? यह 'अपने भीतर' क्या होता है? क्या वह भी 'साइबर स्पेस' है?

'सरग-नरक' सब यहीं हैं—इसी घट में'...यह किसने कहा था? तुमने? या तुम्हारे उस बेहद प्रिय, बेहद मुँहलगे बहुरूपिये ने? जिससे मुझे बहुत चिढ़ छूटती थी।

किस क़दर खिलखिलाये थे तुम इस बात पर? भला इसमें खिलखिलाने जैसी क्या बात थी?

मगर...यह तो सचमुच तुम्हारे मुँह से ही सुनी हुई बात है। कोई सपने की नहीं।

फिर तुम आज क्यों इस क़दर खिलखिला रहे थे—मेरे सपने में? मैं कैसे भूल गया कि आज तुम अरसे बाद फिर दोबारा मेरे सपने में आए थे?

'मन के हारे हार है, मन के जीते जीत'—तुमने मुझसे आज उसी सपने में ही तो कहा था। यह तो वही कहावत है जिसे तुम अक्सर दोहराया करते थे।

मुझे इतनी हँसी क्यों आई?

इसलिए, कि इसी के साथ मुझे मिल्टन की वो लाइन भी याद आई... वही,...*'दि माइंड इज़ इट्स ओन प्लेस ऐंड इन इटसेल्फ़/कैन मेक अ हैवन ऑफ हैल, ऐंड हैल ऑफ हैवन'* ...वाली।

---

* "अब अगर इस पृथ्वी और इसके वासियों को अवश्यंभावी महाविनाश से बचाना है तो इसका एकमात्र उपाय यही है, कि आदमी की देह के भीतर ही—जहाँ कुण्डलिनी होती थी—ठीक उसी जगह उसके बदले एक ऐसा अंग फिट कर दिया जाए तो आदमी को हर क्षण खुद उसकी और उसके प्रियजनों की अवश्यंभावी मौत का अहसास कराता रहे—एक क्षण को भी यह अटल सचाई उसकी आँखों से ओझल न हो पाए। (जी.आई.गुर्जिफ़—'All & Everything')

** 'The wise man finds all the living and all the dead within himself'

मुझे हँसी इसलिए भी आई होगी कि मेरी माँ भी अक़्सर यही कहावत दुहराती थी।

तुमने तो बाबू, मिल्टन का नाम भी नहीं सुना होगा।

क्यों आज सुबह उठते ही मुझे लगा जैसे मैं एक गेंद हूँ जिसे किसी ने आसमान में उछाल दिया है इतना ऊपर,...कि वह वहीं उड़ने लगी है—नीचे गिरना ही भूल गई है? क्या हो गया था मुझे?

मुझे जो हँसी आ रही थी, उसमें भी सिर्फ इत्ती सी बात नहीं थी। बहुत अच्छा सपना देखा था मैंने—बहुत ग़जब का। और...उस सपने में तुम भी थे, बाबू। तुम भी।

कितने मस्त और मोद-मगन मूड में थे तुम! तुम्हारी उँगली थामे मैं कहाँ जा रहा था तुम्हारे साथ? हम चलते जा रहे थे...चलते जा रहे थे...पहाड़ पर पहाड़ लाँघते हुए। और...बिलकुल नहीं थक रहे थे। सच्ची में हम चल जो क्या रहे थे! हम तो उड़ रहे थे। चलते हुए उड़ रहे थे।

पहाड़ पर पहाड़ लाँघते...एक के बाद एक दृश्य पीछे छोड़ते हुए। पूरा जंगल गा रहा था रास्ते भर...नदी भी गा रही थी,...ऊपर आसमान भी...। और...मुझे लग क्या रहा था जैसे तुम ही गा रहे हो?...

जबकि तुम गा तो क्या रहे थे! तुम तो कहानी सुना रहे थे...किसकी? ध्रुव की? प्रह्लाद की? या नचिकेता की?

या...खुद तुम्हारी?

और...हाँ, इसीलिए, इसीलिए...

मेरी भी

❑❑❑